大展好書 好書大展

大展好書 好書大展

實用心理學講座

12

集中力

多湖輝／著
沈永嘉／譯

大展出版社有限公司

序言

從前，在夏威夷高爾夫公開賽中，戲劇性反敗為勝的職業高爾夫球好手青木功曾說過，最後決定比賽輸贏關鍵性的「能力」並不是體力或技術，而是「集中力」。

事實上，青木先生參加外國公開賽，那種無論在體力上或環境上全都有不利的條件下，而比賽的兩位對手在「能力」方面上又略勝他一籌，但他卻能夠有如此輝煌的成績，而享有「國際級好手青木功」的盛名，我們不難看出青木功能夠在緊要關頭中，充分發揮自己的一切集中力，才會完成如此輝煌的成就。

而任何比賽最後的搏鬥，在那自我格鬥中如何獲勝？可能單靠書籍上的技術是無法贏得比賽的，為了比賽勝利，無論如何也要把自己的心情瞄準在焦點上，這也是沒辦法的。

職業選手青木功說：「如果心情散漫，那如何能對自己的所做所為產生信任？」

投射在我們身上的太陽光就算在盛夏的沙灘上熱的發燙，若保持原狀便無法燒焦紙張，即使換了冬天的陽光，只要以凸鏡把光線集中在上面，那麼紙張將立刻燒起。

同樣，一個人不管能力有多高強，倘若分散開來仍然沒有用處，力量必須集中在一點之上，才能產生燒起東西的力量，而「工作力」也就蒸蒸日上。

扮演了這凸鏡的角色就是「熱衷心」，只要以「心鏡」集中所有的力量在一點上，誰都能夠使力量勇往邁前，任何難題都會像紙張般的燃燒殆盡。

可是，我們遇到工作不順或人際關係不理想的時候，很容易把它推諉成自己的能力或性格的不好所致，雖自認非常努力，但想不到工作的績效不佳而也想不出好的構想來，凡事跟人起了衝突或受了誤解。

如此一來，眼見他人工作勤快，有條不紊，而人際關係也一帆風順，兩相比較之下，容易誤以為自己與生俱來沒有能力、性格不好，因而不信任自己且輕易放棄。但這一來，沒法產生贏得較嚴厲的商業競爭所須的「工作力」。

而在這世界上，也有跟這些為能力不足而煩惱的人恰好相反的，工作勤快、成果輝煌的人，但他們與生俱來的能力或性格和一般人幾乎沒有兩樣。

只有一點，差就差在他們每日的生活中，遇到緊要關頭時能夠維持固定時間的「集中力」。

青木功說：「在決定勝負之心、技、體的其中，無論是體或是技皆逐年衰退，只有心能夠不斷的加強。」

在實業界裡莫不如此朝向工作的力量。工作的力量被「心」所支配，而這力量只有在一心一意的『熱衷心』中才會被發揚光大。

這一次要發刊「造成提高『工作力』的『心態』」系列的時候，把「養成集中力的書」改為「集中力——全力以赴的『熱衷心』」，修改的理由就在此。

但願各位讀者務必參考本文所提及的阻礙集中力的四大因素

之處理方式，將力量發揮出來，為了提升「工作力」，請連同其他兩本「積極力」、「精神力」應用。

多湖 輝

目錄

第三章 排除刺目刺耳的對象而熱衷其中
——透過環境的管理而培養集中力

第四章　趕走厭膩而熱衷其中
——靠意識的轉換而養成集中力

第一章　我要上軌道而熱衷其中

靠引起動機的設想培養集中力的方法

《本章前言》

阻礙集中最大的原因是缺乏工作動機。假如對工作不感興趣，找不到工作的意義的話，豈能發揮集中力。

有一次，我介紹過這樣的例子，為了處罰囚犯，派給他們的工作之一，即是讓他們從事於毫無目的也無意義的工作。

那工作內容是使用鏟子及畚箕，把一堆一堆的沙土移向別處的工作，在幾個月之後，好不容易才鏟平了土堆且搬運完畢，另在別地堆土如山，但這次在下令鏟平土堆時卻叫他們移向原處。

那是為了使囚犯們受到，為了毫無目的、根本無意義的工作，整天滿頭大汗，被迫工作的精疲力盡為止，可說沒有比它更殘酷的處罰。要一個人被派給如此的工作且發揮集中力，未免強人所難。像這樣的情況，推動囚犯工作的力量無非是高壓皮鞭及監視力量，容不得叛逆而已。

但是，仔細一想，在我們日常生活中，同樣的例子，不是完全沒有，那些對工作不感興趣、無法集中工作的人們，或多或少與那些囚犯同樣心態，即他們對自己的工作不感興趣也找不出任何工作的意義而呈現出不起勁的狀態。

那麼我們該如何克服「不起勁」的工作、掃興的工作而發揮集中力？

為此，可列舉下列三種方法：

第一：即在工作背後，提供勝過工作的辛勞與痛苦的獎勵，靠「獎」的魅力來消除對工作的厭惡。

所以，可說是達成了目標，就要給獎金，這是使用「獎」的方法來提高集中力的例子。

第二：即在背後準備比工作更痛苦、更難熬的「罰」，利用這種負面力的反動來趕回工作進度。

例如：對於只為應考用功而找不出意義的考生而言，努力用功應考的主要因素是背後承受了考試失敗所帶來冷嘲熱諷的痛苦，這是比考試還痛苦的一種「罰」。

我們把這些賞罰的應用稱之為「外發性的動機誘因」，不外乎自外部給予能量，硬是逼迫人們提起幹勁所致。

相反地，假如工作本身富有魅力，那就一點也不費心，人人會自動埋首苦幹於這個工作，而充分發揮集中力。

第三：造成這樣的狀態，我們稱之為「內發性的引起動機」，而自然發生的集中力引起理想的形態這便是第三種狀態。但是，依現實問題而言，我們所從事的工作很難說經常是充滿魅力的。

不少情況顯示，初始可能完全提不起勁來或者心不甘情不願地工作的時候不少。

那麼在這情況之下，如何做到發現工作魅力，掙脫出「不起勁」的狀態而發揮集中力呢？

在本章要說明面對乍看之下毫無意義且提不起勁的工作，如何發掘目的意識、問題意識而造成「熱衷心」？在此主要針對和作業的目的、目標有關係之側面，說明能集中力增大的戰略。

1 應用截止效果而埋首苦幹

即使是令人毫不起勁的工作，只要有意圖的訂下終點，就可集中心力

俄國文豪杜斯妥也夫斯基在寫給友人信中曾道：「到目前為止，我從未為了完成稿債的義務或者是為錢而構想寫作主題的情況。

但事實完全相反，在債權人的督促及出版社契約的重重束縛之下，留下以「罪與罰」為首的龐大作品數量，甚至於須靠口述方式才能勉強趕上截稿日期。

又如作家吉行淳之介也曾在某短文中說過，眼見截稿日逼近，而稿件卻無進展時痛苦的心理狀態。他又說，倘若無截稿的束縛將會更好，但也不能一概而言。可能因為他透過長期體驗，深深知道進退維谷的狀態時，全身會充滿平日難以想像的充沛精力。

的確，杜先生很留戀的訴說，假如給我更多的時間以及更多的自由，那我的構想一定會展現出更了不起的結果。這樣的訴苦有些不乾脆、不老實。但如後來同樣是文豪的安德烈•

基德所點破那樣，這樣的訴求只能說是幻想而已罷了。

即使杜先生被允許有充足的時間，但誰也不敢保證他的作品會更光輝燦爛，說不定反而置身於痛苦的漩渦中，才能創造國際級的文學出來。

如此的傾向也不只是著名的作家獨有，我們在每日的生活中也同樣的體驗，在期限尚未逼近時，總會磨菇、不肯動手。也許有人會想趁早完稿的好，但開始著手之後，卻仍無法發揮高密度的集中力，最後還是拖到截止日。

這都是被逼得進退維谷、動彈不得的僵局時，眼見非做不可而猛幹特幹之下，不知不覺完稿的個案。

可能誰都有此心理傾向，因而稱之「截止效果」，由於在心理上逼近截止，在這種無可動搖嚴格限制下，更能提高對工作或課業的意願，而發揮集中力。

如我本身在上電視或做廣播時，遇到須在絕不能變更的時間內，簡要說完要說的話，精神才會極度集中，但能否在規定的時間內配合得恰到好處，那就不一定了。

昔日，在我演出電視節目時，排練的時間必定會比正式時間溢出十五分至三十分左右。因此，導播指示全體演員要自行設下時間的限制，歸納重點，將多餘的對白刪除，而能在規定的時間裡準時完成。這就是將時間做明確的限制，使演員們在心理上受到壓迫，也就是發揮最大集中力的「截止效果」最有效的例子。

從這例子可看出我們的下意識有使用「截止效果」之可能。尤其是對自己的工作毫不起勁、一點也無意願時，要強制課給自己「截止」，事先硬性規定到那時完成多少的成品及限制期限，也就是有意圖的設定終點，靠如此外發性引起的動機，首先來提高對「不起勁的工作」的意願。

立不起勁的工作計劃時，重點放在結束時間上

和我有深交的某作家，因為很遵守截稿日期，所以編輯人對他的風評良好。不僅如此，他尚有時間常跑酒店。我因熟知他在早期為了趕稿痛苦不堪的內情，所以很佩服他現在寫作速度進步之神速。但料想不到前些日子遇到他，在交談之下才得知意外的告白。

據他說，在新人時代接到稿件就精神充沛，當天即刻工作，但不久知名度高了，在出版社稿債的追趕下，也不得不接下不想接的工作。

結果，不管多麼的振作發憤，一天內也只能寫出兩三行的稿紙，有時甚至無靈感而連一行也寫不出。他說那時候他很悲觀，認為自己是否沒有寫作的才能。可是，日子毫不容情的過去，明日就要截稿了。

夜晚的來臨，他不能對編輯說：「寫不出來」的話，於是他拚命的咬筆桿。說來奇怪，突然勁筆如飛，昔日的痛苦煎熬，現在好像過往雲煙般消失了。據說，從此以後他便相信自

己在遇事臨急時會自然湧出一股力量，對當時不起勁的工作，絕不設定動筆的時間，只考慮完稿時間罷了。

他正是應用了最大限度的「截止效果」，不但有意圖的給自己設定終點，還將開始時間完全置於度外。根據我們的經驗，結束時間比開始工作時間更容易掌握，他就是將重點只放在終點時間，因此即使是不太起勁的工作也能準時完稿。

像公司開會亦是如此，事先告知散會時間與不預告的兩種情形下，即使開會時間相同，但效果卻有很大的差異。

總而言之，在立下會議計劃時，只要清楚告訴全體人員散會時間，就算遇到多傷腦筋的議題，各成員都會設法在規定的時間內產生解決的意願，而使議論能夠活潑化。為了使這氣氛更熱絡，主持人若能一面提出過程報告，一面不時的提示：「剩下一個小時」或「比預定時間慢了」或「已進行到此了」來提高員工對時間結束意識，其效果會更大些。

可見「截止效果」的應用，不但能提高個人的集中力，而且也能因而有效提高集團的效率。

設下數個中間終點，使集中力在到達各中間終點之前，發揮最大的集中力

造成「熱衷心」的十條件 1

具體想像達成目標時「報酬」

我覺得最有技巧運用截止效果的，應是馬拉松選手。

在田徑賽中要求體力是不必說，但最需要強烈精神力的，便是馬拉松。要獨立跑完四十多公里的路程，因此這種與自己的格鬥便比想像還更嚴厲。

馬拉松選手的最終目標當然是終點，但他們並不會馬上把四十公里遠的終點定為目標。據說在年復一年趨向理性化的現代，馬拉松的賽程中以每五公里為一區段，組合成長跑的段落，也就是設下幾個中間終點。首先，集中精神以自己的步伐跑完頭一個五公里。順利跑完五公里便再跑下一個五公里，如此不斷的延長，往終點跑去，而克服全程的四十公里。

誰都經歷過，在做某事時，剛剛著手的短暫時間以及接近完畢的一段時間，其效率最高。換言之，在這段期間最能提高集中力。

在心理學上把這樣的現象稱為「起頭努力」及「終點效果」，凡是受過克雷普林心理加算測驗的人，應知從不同觀點看來，也可說在開始與最後之間必定有效率降低、集中力遲鈍的期間，我們通常以「中間停頓」來表現。

為了持續集中力，應盡量防止此種情形發生。為此如馬拉松選手所常設的「中間終點」的作風，才能發揮力量。

人類的心理很不簡單，對於毫不起勁、毫無意欲但又一定要做的工作，遇此情形，只要以下意識來設定結束時間的終點則對集中力管用。

但是在設立最終目標的情況下，心理會因到達終點的距離過長，而缺乏「好好幹」的幹勁，所以必須在工作途中設定一覽無遺的終點（中間終點），這一來因受終點「引力」作用而「幹勁」也會抬頭。

也就是在工作終點的物理和心理上要與馬拉松一樣，設下五公里地點便可提高集中力。如此便可縮短「起頭努力」及「終點效果」的間隔，一方面集中精神工作，另一方面消除中間停頓狀態，便可防止效率低落，只要順利通過「中間終點」就可依次朝向另一關以及再下一關，如此即可向最後的終點連續的發揮集中力。

但，倘若中間間隔過短，則效果會適得其反，原因是對工作或課業失去餘裕，反而阻礙集中力。

2 應用報酬效果使人熱衷其中

具體想像達成目標時的報酬

衆所皆知，職業拳擊選手在賽前的數月中，必須接受嚴酷的減肥計劃。而促使他們克服痛苦的真正動機，當然想獲得光榮的冠軍寶座。據說，減肥達到極限時，本能的欲望會湧現出來。

拳擊選手在減肥中一滴水都不容攝取，這種嚴酷程度幾乎是最後連體內的每一滴水都絞乾。據說，到此程度，選手們會把一杯水視為千金難換的寶物。我在一本雜誌上看過，退出拳壇，改當演員，活躍在演藝界的前世界冠軍選手，在描寫減肥的心境時說：「即使花兩仟萬日幣也要換一杯水喝。」「連馬桶的水也想喝。」

到了如此的地步，在角力場上精神會異常的集中，即使是為了比賽後可得到的「報酬」僅僅是一杯水，也不為過。

雖無須像職業拳擊手那般極端，但為提高工作的集中力，即使只是一杯水都有可能發揮極大的效果。

個人不管對工作有多熱衷也難免會遇上提不起勁、不想從事的課題，遇此狀況不妨「犒賞」自己一下，待工作結束後先小酌兩杯再回家，或者休息一天盡情享受等，便可振奮自己去挑戰困難工作的體力。在心理學上，經由這樣快樂犒賞自己的報酬而提升工作效率，稱為「報酬效果」（REWARD）。

報酬效果不外乎是為提高工作的意願的「外發性動機」罷了。但也有人說，只在回家途中喝兩杯的程度，那能提高集中力？這樣的人最好儘可能具體想像得到報酬時的狀況。

比如，當你達成營業目標領到獎金時，可把它當頭款的一部份，換買新車，這時不單單是換車而已，還要知道「那家廠商、什麼款式、顏色、配件……」等等在心中塑造更具體的印象。

若能想像出自己駕車兜風情景的話，那麼做完討厭痛苦的工作後的報酬，就會更顯得光輝燦爛。如此一來，報酬的價值便一高再高，增大報酬效果的確實性。因為，報酬效果的確實度之高低與心理上對課題的集中度之高低成正比。所以，克服現實達成目的的可能性才會增大。

如開頭所舉的拳擊一例也是一樣。在他腦中每日所想喝那一杯的水，在喝時所感受的快感自不在話下，甚至連杯子大小、圖樣都會浮現在腦海裡，有時還會想到自己扭開水龍頭埋頭喝水的姿態。

換句話說，愈能增加具體性的印象愈能克服痛苦的減肥計劃，提高面對比賽的集中力。

工作行程中插入預計的報酬

有一次，到一家大企業裡演講，正準備離去時有一位員工在大廳喚住我。他在公司擔任會計，每月處理的傳票數目龐大，尤其在發薪時就需連日加班。他的諮商內容，就是如何充滿意願而有效處理日常的業務。

我給他一個建議，在工作每告一段落就要「犒賞」自己，會計傳票是以項目別編制，所以每整理完一項目，就事先準備小小的報酬。例如，頭一個部分告一段落時，就允許自己抽根煙休息一下。

等到下一個段落便泡杯咖啡讓自己鬆弛一下，以此方式給予自己報酬。

愈喜歡抽煙和咖啡的人愈怕分散工作幹勁。但我們要反過來利用這種尋求嗜好品的需求以，「報酬」的方式來提高集中力。

此種方法並非是我的專利，在全美暢銷書中，瓊斯•布拉撒斯所寫的「增進記憶力的十天」中亦有詳細的記載。

亦即為使自己集中在不起勁的作業上，必須將工作劃分為小段，在預定時間表中插入像夾三明治般做為「外發性動機」的「報酬」預程表，如此更能確實有效的利用報酬效果的集中術。

在工作預程中採取報酬方法時，應注意如下幾點事項。

首先，選擇當場短時間內就做得來又不阻礙其連續性的報酬。不要因喜好喝酒，就在每告一段落時來上兩杯，這不但會使思考力遲鈍化且會有因酒與大發而醉倒的可能。第二點，不要寵壞自己而任意妥協。

具體的說，著手做的工作一定要告一段落之後才可享受報酬，在段落之前什麼都不必說，但完成後也不要延遲犒賞自己。為什麼要這樣呢？因為不遵守已決定的事，不管是提前或延遲，對心理都會造成負面影響。

這一來，把工作分為數階段，明確的設定終點報酬，因為目標達成後喜好之物即在眼前，所以保證能提高對工作的集中力。

遇到困難的工作時要反想成對付勁敵或「懲罰」

我說明至此的方法，便是提高工作意願的外發性動機中，在工作背後「獎賞」的方法。但，相反地，亦有在工作背後以「懲罰」來提高集中力的時候。

例如，誰都可以輸，就是不能輸給那傢伙，即所謂的勁敵。如選擇的勁敵愈強，相對地自己也就會變的愈強的例子比比皆是。以運動界來說，如王貞治、長島時代及栃若時代，黃金期必定出現與強力勁敵對峙的局面。在產業界、學術界亦有同樣的例子。

當然，勁敵的存在一方面可刺激人類的鬥爭本能，同時亦會使自己集中所有精神去勝過勁敵，無意識中會產生莫大的力量。反言之，我們可利用此勁敵的存在使我們更能夠對討厭的工作或不起勁的工作貫注集中。

我在舊制的中學時代，曾徹底的利用勁敵來為應考用功。當時正值青春期的我，煩惱特別多。常會為了芝麻小事而分散精神，很難熱衷於課業。所幸我有位跟我一樣，想進入同一志願高等學校，成績相當好的勁敵。

當時的中學生夢寐以求的就是上高中戴起繡上二條白線的帽子，披上黑色的外套，穿上高腳木屐，招搖過市。因此，我強迫自己想像自己名落孫山只有那個戰友上榜，而我簞衣破帽上街的樣子，至今仍清楚記得單純的空想也能集中於不起勁的應考用功。

但，雖同為勁敵也有數種，若是聯考就應利用同一志願的勁敵。相反地，即使是想到情敵的臉也只會產生妄想，而效果適得其反。

以我自己的經驗來說，遇到實在很厭惡的工作時，會強迫自己心中浮現勁敵的臉及姿態。因此不可敗的心情就會油然而升。

這時掠過腦中的不是打勝強力的對手，而是落敗後自己慘不忍睹的模樣，更勝於勝利的光榮。

這不外乎是為了怕工作不能順利完成，才發生懲罰自己強迫想像勁敵的面孔，以及有意圖的在工作背後使用「懲罰」有一脈相通之處。

雖非勁敵，但在威脅自己存在的意味下，對於上司也會產生集中心的利用價值。當年擔任我文字稿的出版社編輯員，當我沒得趕上截稿時間時，首先浮上眼前的就是編輯長憤怒的面孔。這一來，他就不能顧及我的感受，只能擔心總編輯的怒聲。因此對我催稿催得緊，而脅迫性的言辭逐漸加強，結果就會順利完稿。

由此可見，不管工作多困難，只需想像上司嚴峻的臉色，眼前便會出現未達成目標時可預想到的「懲罰」。所以就能奮發圖強，集中精神完稿。這種懂得用集中法完成催稿的人，算是一流的編輯。

如此，即使是上司、勁敵威脅到自己立場的存在，反而有利用價值。舉例來說，僅管目標多有意義，單靠這點很難引起集中力，遇此情狀時，想像不利的狀況，便能直接刺激自己的感情，煽動慾望，最後則可發揮集中力，且想法不是虛構，要很實際的，最好跟自己有強烈的利害關係，則會更有效果。

3 應用「定位」「定義」來令自己熱衷集中

無論如何要使大目標明確化提高意願

即使是不起勁的工作或課業，只要能使目標明確便可引來集中力。不管意願多高，若想達成的目標不明確時，便無法提高效率。更何況歸納不出不起勁工作的目標焦點就更談不上集中力。

職棒養樂多麻雀隊教練野村克也先生長達二十七年的捕手生涯，使他展開在捕手位置所見的棒球論著有《敵人在我心中》一書，在書中曾提及職棒選手的集中力部分使我感到興趣。他說，某球隊的打擊教練，正在向要進入打擊區的選手下「指示」。「這位投手正在勁頭上，你要小心，他的直球很快，曲球也投的很好，而且你如果緊追不捨的話，他還會投下墜球？要小心！」

假如換了你是打擊手，得到教練指示你會以何種姿勢來面對選手呢？據野村說，這完全不算「指示」。選手進入打擊區時須顧及投手狀況，有無跑壘者以及守備位置的狀況，風向如何？球場的寬窄等各因素，皆有關考量決定打擊而將集中力放在打擊投手所投過來的球那一點上。

野村說，根據教練「指示」反而會使打者迷失而無法集中精神打球，只會妨礙集中力的提高罷了。

野村在南海鷹隊時代曾身為球隊領隊兼經理，因此在比賽中隨著比賽的變化必須給選手衆多的指示。據說，那時為使選手明白目的，所以刻意給具體的、明確的指示，以先前打擊例子來說，倘若改說「直球今天投得特別好，所以你要集中精神在兩好球前，選出曲球來打，其他的球就無須理會」，這才是較適當的指示。

在一家製紙公司老闆的經驗談中也以大目標的明確化做背景，根據我的聽聞，他大學畢業後便進入公司的會計部，擔任整理公司傳票的業務。不久，他覺得那樣的工作令他厭煩，不但無法學以致用且都是整理一些應酬帳單的傳票而已。難怪他對會計本身開始失去興趣。

但，一日，忽然他改變心思想「等一下」，將自己所整理傳票分門別類集計結果，去年如何？上一年又如何？於是他做做看年度別、月別的各部圖表，結果自己工作的績效很明顯的浮現出來。他發覺自己每日所做，乍看之下單純的乏善可陳的工作，卻是掌握著公司的實勢的絕好方法。

據說，有明確目標自覺之後，對以前覺得不起勁的傳票整理工作皆能全力以赴。

如此將大目標先明確化，稱為對厭煩之事「內發性動機定位」的第一步，它意味著現在勞苦的工作以你所能接納的方式去定位、定義。

以文字或文字圖表來表示目標，便能提高集中力

但，我們所得到的大目標總是以含糊不確定的目標居多。在公司內提出要「削減第一部門的人事費用」，乍看之下目標好像很明確，實際上它卻包含幾種方法論調，未必是很明確的。假如你訂立「將來要獨立創辦公司，為此我要利用在公司的機會多學習經營方式」。這樣的目標仍算含糊不確的目標。為發揮集中力向工作邁進，更有使目標明確化的必要。

美國著名具有創造性開發的理論家、實踐家A·L·楨巴克曾提倡三種方法，分別為：①記述——盡量多列舉目標及問題。②提出疑問。③選正確的目標。亦即選擇更根本的、包括的目標，確立真的目標。

有關於其中的①，我特別推薦以文字或圖表來表示工作目標，一個人若只是思考，而漠視目標，極容易誤以為完全了解目標或問題所在，然而事實並非如此。

依據我在大學指導學生寫畢業論文主題的經驗，發現愈是不積極的人愈無法明白掌握自己想做的事。例如，選「親子關係」的學生，對於作為其具體研究對象的親子之年齡、性別以及排行順序，是日本的問題或為外國的問題也不聞不問，質問之也答不出所以然來。

因此我指導學生時，首先要決定目標，然後將目標達成之過程，什麼是必要的，什麼是應該做的，用圖表表示出來？結果學生在畫圖表的時候逐漸充滿了意願而能集中自己的主題。不用說，他的畢業論文不比其他學生遜色。

對困難未知的主題應活用小冊子或摘錄本

誰都有過的經驗，接手從未接觸過且不喜歡的事而不知所措。雖蒐集衆多資料，卻不知從何著手；雖用心閱讀，卻總差這麼一截。使得效果不彰，那意味著看不清目標，以致白費心思，呈現出既疲勞，前途又一片暗淡的狀態。

如此對未知範圍的工作去努力，很難發揮有效的集中力，就算得到過來人傳受經驗，假如按其指導方式來實行，也未必一定能毫無顧忌的集中。

那我們該如何？在這我提供最簡單不過的方法，在著手整理正式資料前，盡量活用份量少的資料。例如，小冊子、摘錄等以便掌握該部門的概況目標。

以《古事記》引起注意的江戶時代的文學家本居宣長在《初山踏》一書中談到，初次登山時該採取何種態度？是一本專門知識的書而非如何登山的書，討論如何學習專門知識的方法。首先敍述對於必修書的注意事項，他說：

「卷數多的大部書籍應留到後頭，應先閱讀小部書為宜。」

而且最初不必用心於細節部分，有什麼看什麼。待逐漸看出那本書的大綱時，就會逐漸明瞭下一步該看什麼，要如何研究。

宣長認為以現代作風來解釋的話，與其將資料堆滿桌上才開始，或者先收集情報才動身實行，不如從小冊、摘錄等分量輕的地方著手。只要專心一意掌握概略的範圍、全體像、目標便可明確化，自然而然可決定採取的方式。

有位醫學博士於學生時代的用功方法，正是這本書的實踐。據說，他到書局購買原版書，比教授們更早讀完它。他讀原版書的方法有點獨特。他不看分量厚的研究書，盡量選薄的，一面研討，徹底的精讀；另一面則刪除原著多餘不重要的部分整理出自己的想法，只把精髓引述出來。可說是有效率的方法。

採取此種手段，即使是想進一步深入研究極端困難未知的範圍，也能使目標明確化，同時為自己的目標下定義。如此一來便可發揮集中力。

以目前的工作和大目標作「對比」就能按自己的意思下獨特的定義

曾著有《窈窕淑女》一書的英國著名劇作家蕭伯納，尚是無名小卒時，每天最重要的工作便是在筆記本上寫五頁的文章。在每天工作開始之際先完成這件工作且維繫長達九年。就算他未嚴守原則，蕭伯納的文采仍能開花結果。但是他一開始便完成最重要工作的態度，對他後來的寫作不可說沒有幫助。因為當時年輕的蕭伯納正值落魄時期，但對於寫作文章，他卻覺得很有意義。

假定你手上有二件事須做，問題從何開始？以何做基準來決定順序？以人類的心理，一般有將較困難的後做的傾向。

但誰也都體驗過，以為從容易的開始，卻在實際著手後意外發現並不簡單。遇此情況，心中便產生了悔不當初的迷惑，於是集中力愈來愈分散。只掛念著時間而使工作效率每況愈下。

所以開始工作時，應避免按難易度選擇順序，不如也學蕭伯納，最重視的是在筆記上寫五行文章的工作。這種以重要度為基準來考慮優先順位的觀念才對。亦即自己覺得有意義的工作，不管它有多難，還是可以全力以赴。那麼目前的問題究竟是什麼？

以長達九年的歲月，尋遍全國各地，終於在九州的山中遇見不共戴天的父仇，這樣的情節出自菊池寛的名作《在恩仇那一邊》。

對手早已看破紅塵入山為僧，為了贖罪，這二十年來在險峻的山谷中不斷的掘洞，簡直是菩薩再現。後來村人懇求男主角在山洞貫通前不要報仇。男主角中川實之助很不甘心，盼望報仇日早日到達，因此男主角同和尚一起揮槌掘洞。

一年六個月後，山洞順利完成了，想不到實之助早已無心報仇。

此名作中，實之助之所以能集中於不情願且痛苦的工作，主要是有一前提：成就大願，抱有將來的大目標所致，唯有連結起大目標，才能夠成就目前絕提不起勁的工作。

雖無小說中誇張的狀況，但我們也可在平日把工作及將來的大目標連結起來或作對比。乍看之下，提不起勁的事情亦能鎖定對自己獨特的意義。

例如，將工作所得的報酬存起來買車、建屋等，在這種想像中完成現在手中的工作。如此把工作的不快感和即將得到的成就感做對比會有淡化的效果，在心理上稱為「對比效果」，我認定它是促進集中力的誘發要素之一。

所以被眼前忙碌的工作逼迫時，心中難免存有疑念或空虛，對工作提不起意願，此時拿出明確的目標和現在的工作做對比，告訴自己目前只不過是過程中的一個步驟而已。

當馬克斯亡命英國時，曼徹斯特正發生產業革命，連婦女兒童都須從事嚴酷的勞動。貧窮做祟之惡，彌漫在這大都會裡。

為何人間的百態總會產生貧富差距？馬克斯很想一探究竟，但他對實踐運動更感興趣，可是他還是壓抑了那種心情。他連日至大英博物館的圖書室裡閱讀有關古今中外的文獻，這種滋味比起實踐活動來的乏味，但馬克斯將實踐活動與想得知搾取百姓之根源的明確目標連結在一起，持續著這種很枯燥乏味的研究。最後馬克斯因完成了「資本論」而開花結果。

如此不管有多不起勁的工作或者課業，只要稍微改變觀點便可發現自己所擁有的觀點也就是對自己獨特的意義思想。

4 應用愉快的體驗並熱衷其中

把全體細分化，設法維繫成功體驗，即使是難事亦可全力以赴在日本宇宙開發中留下足跡的系川英夫被稱為「火箭博士」，自大學退職後，依其廣博的知識活躍於各方面。系川的多才多藝常為媒體的熱門話題。其中以大提琴演奏特別著名。

可是，系川的練習法卻是與衆不同的。據說，在演奏一曲時，首先看曲是由幾小節編成。

例如，所練習的曲有三十小節時，每日練習一小節，利用一個月的時間全部學好，而且也不一定要按順序來練習，即使是最後一小節亦無妨。總歸一句話，就是從最容易的小節開始練習。

次日再從剩下的二十九小節中挑容易的練習。如此般的支離破碎，不按順序，總選最容易的小節練習。據說，以此方法練習下去，再困難的曲調亦能隨心演奏。

系川的方法，在心理學上也很合理，特別對人類來說，因為一個人在兩相比較之下，找出放棄的藉口比完成某事的意志會更強烈。所以，一見困難便意興闌珊、心不在焉。但是，系川的方法是首先讓自己嘗遍成功的滋味，可說是極巧妙的方法。

系川大提琴的練習法，不妨也應用在對工作發揮集中力的時候。假定我們必須在短時間內完成困難的工作，若毫無設想、盲目地從事，難免在中途感到厭倦時，會抛下工作放棄不幹。

因此，我們須將全部的工作，劃分為五～十分鐘的小區塊。先從最簡單的區塊做起，這一來便不會一開始就受到挫折，而能得到確實的「成功體驗」，那種體驗助長了對下一個區塊的集中力，旋及順利完成所有的困難作業。

意即最初著手的區塊雖非一見容易的也無妨，換成自己認為最感興趣的部分也可以。

黑澤明正是世界鼎鼎有名影劇界的天皇大導演。據他言之，在寫劇本時，不同於一般的戲劇作家那樣事先擬好架構，而是一口氣寫完自己所要的情節。

接著再一口氣完成另一個情節，然後將各部分的文章有技巧的連接起來。可見他衆多的作品都是以此「連楔法」完成的。

不限於影片製作，任何的工作必有其始與終，所以把工作全都照單全收，則自始至終皆能克服。只見困難則痛苦有增無減，因此我們可將中間過程細分化，重新找出自己的興趣「部分」。

即使看了全部毫無興趣的工作或者課業，只要仔細斟酌各區隔部分，或者連接目標的各階段中之某一階段，則會發現意外的趣味，所以先從攻略此部分獲得成功體驗開始，最後攻略全體即可。

做討厭之事時要從中找出自己「喜好的方法」

凡是工作不管是全部或者部分，在有成就感時或者有興趣感時，便是帶給自己愉快的感情經驗。這種愉快的體驗正是對提不起勁工作立上意願的「內發性動機定位」之重要因素。

自古有言：「有愛好才能做到技巧。」可見有愉快體驗才能對痛苦的練習產生興趣。以前在一座談會中，影劇評論家淀川長治滿臉笑容地說：「在我有生之年，既沒見過討厭的人亦沒做過討厭的事。」

淀川一輩子都獻給了電影圈，他要人知道且傳頌電影有多了不起和好看，聽到此言，令我非常感動。

我想，淀川到目前為止，苦事不可能全無，但由於對電影強烈的愛好而產生了集中力，完全隔絕乘隙而來的不快感。

最近在運動界中，女性們不讓鬚眉，破了男性的記錄，游泳競技也不例外。在一次偶然中看到電視時，女子競泳二百公尺自由式之比賽中，一名美國十五歲的女選手創下驚異的世界新記錄。

那女孩在記者會上說了一段話：

「對我而言，游泳簡直是我的享受。因此，一天一萬至一萬六千公尺也不以為苦，就因喜歡游泳的結果，所以才能刷新世界記錄。」

我為其一天的練習量之多感到驚訝。如此苛酷的練習比起她快樂的體驗就微不足道了。因此，當我們遇到無意願而勉強工作時，便要積極的應用這愉快的體驗。

我有一位朋友，是專業的校對員，他接觸這工作已有十年。校對是須要很大的耐心且單調的工作，我納悶他為何不會心生厭倦，而他的答案卻令我意外。他說，剛開始覺得乏味不耐煩，但在找出錯字時便心生快感。

那是一種找碴的快樂，因此倘若交到手上的稿件錯誤多且又寫得不好時，就更令他產生成就感，因為連他人未發覺的誤字他也能找出。

有時「內發性動機定位」也可能從他人身上得到啟發。在我高中時代有位同學認為他對英文已大下苦功夫，但總不理想，他感困惑便與任課教師相談。老師說：「把你最喜歡的文學作品用原文書來閱讀。」

他是推理小說迷，所以選克理斯汀的新作，拚命地查辭典來閱讀，數年後英語大幅進步，甚至無辭典也可閱讀，這即「好者能精」的道理。

以上所言，皆是把自己獨特「喜好的方法」，引入棘手的作業中。

同樣地，傳統的幼兒音樂教育之鈴木法也是相同的道理。

鈴木法很特殊，像以前的小提琴教授都是以C大調來施教，而鈴木法卻改採A調分割演奏法（以斷音把音明確地奏出）讓學生練習。此種方法連小孩都感到快速而不厭其煩的練習，所得到的指導效果也格外有效。

任何工作或為自己不得不做的勉強工作，只要徹底的做好該做之事，則集中之道便會豁然開朗。

對單調作業加入競賽要素

做為應用愉快體驗的手段，還有在工作中加入競賽要素一項方法，「倘若所有的競賽都是反覆而單純的行為」，或許思考的人會意外地增多，但遵從一定規則而去做的，實際上卻是個單純又反覆的行為。

若不信，那麼不妨試試純粹玩副牌而不賭，可能不到十五分鐘便會對遊戲感到無味。因為你只看到撲克牌一進一出而已，根本沒有心思去騙別人。

或者關掉電視的聲音來觀戰棒球的實況轉播。如此球場的熱情一點也感覺不出來，幾乎只見到相同動作的畫面。在此情況下，你還有耐心繼續坐在電視機前兩小時嗎？假如只播送棒球賽的畫面，那麼剩餘的只是缺乏變化且單調的演出罷了。

那麼為何競賽能展開戲劇性的場面，使人忘我而熱衷其中地集中全部精神？那是因為球員們都為了贏得比賽而互相在心理上爾虞我詐所致。

為此所有的球員都能忘記本來單純的球賽，而一改心念地相信球賽本是戲劇性的東西，因而能自競賽中尋求刺激，使單調工作變成為了全力以赴的熱衷。

假如你現在所做的工作，因單純且反覆作業，以致提不起勁的話，不妨立刻訂立目標，設想朝向目標努力邁進。

自不待言，競賽能帶給你愉快的體驗，你可靠此愉快的體驗為槓桿，集中面對工作的挑戰。假如你的夥伴肯合作，就更加容易了。例如，比賽一天能背幾個單字，再以一杯咖啡為賭注，亦是一種競爭的好方法。

但此法並非一成不變，不如自己獨自找出目標，跟自己挑戰。此種作法才能不靠ＴＰＯ（Time Place Occasion）便可付諸行動。將競賽的成果畫成圖表，使每日例行的工作有強調的效用。

第二章　不必耿耿於懷而要埋首其中

自我控制的集中法

《本章前言》

在阻礙集中力的要因中最重要的是，隱藏在自己內心的一種模糊之惑。不設法擊退此惑那能發揮集中力。

學生時代，常有人告訴我，在應考時期，戀愛是禁果，倘若腦中盡是戀人，就難以集中心力，為考試而用功。工作也是相同的道理，至少在集中心思工作時應摒除雜念。

同樣，不安焦急也是集中力的敵人，如果可能，也要將其趕出體外才好。話雖如此，但是我們的生活也不是單靠眼前的工作就可成立，須掛念之事從瑣碎至重要的何其多，或許能一時排除，但也不是這般容易。

我們要設法克服困難，造成能集中工作的精神狀態，究竟有何方法？

本章從阻礙的各狀況至控制自己的心結、思維所需的具體方法做說明。在此之前，先解說全體通用的基本原理、原則。

首先要各位知道的是，關於中斷行動中緊張的殘留現象。也就是當我們做一項工作時，被認為朝向完成目標的方向所形成的一種精神緊張狀態，亦即精神上熱能的昇華或暢流之現象。

萬一在此狀態中中斷作業結果會如何?當然，精神上的熱能流量會暫時被阻擋，使精神緊張程度更嚴重，這種情形可說是伴隨中斷行動所引起的心理緊張之殘留現象。

比如說，看推理小說入迷時，在逼不得已之下中斷結果，這時當然你會很快做完此事，再回到推理小說繼續閱讀。

心理學者奧布希・安基納便稱之為「中斷行動的再行傾向」。

同樣的原理，有一心理學者賽加爾・尼克也針對中斷行動的再生傾向做了研究。他讓被實驗者分成二組，將二十種類的工作依序完成，工作內容是按事先預定的計劃，其中一組在功虧一簣時中斷，而另一組則完成先前所中斷的工作。

當所有預定作業終了又過了幾分鐘之後，讓他們回想剛才所做的工作到底有幾種類。結果發現最容易記憶起的是那些被中斷的工作。亦即被實驗者因中斷課題時心中持續的緊張，以致能將中斷的課題留在記憶中。

從這兩種研究中可以看出，假如工作在中途被中斷且放置不管，這些工作便會長時間留在我們腦中，到了從事其他工作而熱衷其中之際，還重現在腦中成為記憶現象。

可見湧上心頭使人焦急不安的雜念，大部分都與右述現象有著或多或少的關係。一般而言，失去集中力最大的因素是在工作途中被其他東西奪去注意力所致。

所以要增加集中力的首要工作，是事先要摘掉雜念的芽，造成集中作業的心態，這就是增強集中力的第一步。

1 造成心理的框架而熱衷其中

中斷課題應作一備忘，放入心理的框架

一般人腦中常會有片斷浮起各種事情後又消失的情況，時而回憶起昨日看的影片，時而回想不久前與友人的對話，一下子又開始評估眼前的女子。

面對這些瑣事，一旦要集中注意力開始工作，大多會忘得一乾二淨。但有些雜念即使開始工作時趕也趕不走。非但如此，一開始工作便接二連三的湧上心頭。它大部分屬於瑣事，例如，要打電話給某人，要寫封信至某地方，或者計時器壞了要拿去修理等。本來心中介意著，但又不那麼急著用，便擱置不管。一旦擺好架勢準備集中精力時，卻又湧上心頭而引起「中斷行動的再生」。

假如這些「掛念」的雜事只是一、二個，尚不會阻礙集中力，如果是輕而易舉的事就當場做完。但「掛念」之事太多也就不容易辦到。所以越令人焦躁起來。

還有一件事不管有多瑣碎也大有阻礙緊要關頭的集中力之虞，甚至有時不知阻礙集中力

的是，何事被原因不明的焦躁所困擾。

我聽說過，一出版社的主編，每週二的下午，其工作的效率必會低落，雖想不出特別原因，但是總會精神散漫無法集中工作。

不久，他了解了箇中原因。每週二上午固定召開的編輯會議，在會議成員中，有一男子經常鬆下領帶，伸長雙腳以不修邊幅的態度開會。

主編每次見他如此，總是想提醒他一下，但心又想：「又不是什麽重要的事，等會議結束再跟他說吧！」但每次總忘了跟他說，結果心中無意識地記著那件事，才使下午的集中力低落。等他實際採取行動之後，從此每個星期二都能和其他日子一樣集中心思工作了。

反正任何事感到耿耿於懷時，都要當場立刻處理，盡量不造成「中斷課題」，就是使自己解放出雜念而為提高集中力的第一步。

不過，我們日常生活非常忙碌，所以很多事是當場無法處理的，此時，把雜事盡量寫成備忘，收放至心理的框架上，這不啻是個好方法。

我熟知的一位某大企業經理，關於工作之預定表，不必說，連零碎的雜事他都能密密麻麻的寫在雜記本上，再把已處理過的事一條一條用簽字筆劃掉。

他告訴我：「即使是芝麻小事，假如放置不管，任何瑣事都會使你介意而無法提高工作的效率。」

事實上，即使無法及時處理的雜事，只要有製作備忘，那麼在心理上總有個解決的藍圖。像此位經理把任何雜事都記入備忘，再加以查核，心理上便會有所準備，認為凡令人介意的瑣事都已納入備忘中，結果有助於集中力的提高。

一時犧牲人際關係的心態會提高集中力

人際關係在生活上不可缺少。人是群體的動物，很難離群獨居。倘若沒有了互相交流，感情的連繫，那我們會體會到難以排解的孤獨感。

所以在日常，我們不斷地留心人際關係，以避免有人背地裡罵：「那傢伙不合群」「叫都叫不應」。

可是那種人際關係有時會阻礙我們做事時的集中力。因此對人際關係的留心成了雜念的原因。

不管工作或遊戲，一個人在專心一意時，甚至有人叫他也聽不見，能到此程度才稱得上注意力集中。但是我們的社會觀念經常會阻礙我們的集中力。由於對人際關係的過分重視，所以只要有人輕聲搭訕，立刻就會有反應。

就算是無人搭訕，我們也等於豎起天線一般，所以四周的聲音和動作總是無法不引起注意而分散了集中力，所以應該以視若無睹地適應社會的心情去工作才對。

假如完全無視社會的適應，那又太誇張了。例如，麻將三缺一邀你來，或者要去喝酒你都能說「不」，而那些事畢竟都只是瑣事，假如被雜事所左右那能集中呢？所以開始就要斷然拒絕一切會阻礙集中之事物，須覺悟到為完成工作就不可管誰說什麼，我都要下決心採此積極態度。

亦即在自己心中造成心理框架，凡是超越這框架的部分都要排除，能如此做，不管四周有何人說話仍不會介意。

不管他人感受，我行我素的，做來似乎很難，甚至自己本身都產生抵抗感，可是「像我這麼做，別人會怎麼想」，或者「我這麼說，只怕別人對我產生不好的印象」，這樣看他人眼色來行事就決無法集中一事，而用心在那種事情上只會使你更加疲憊。

就算一時犧牲人際關係，他人遲早會看到結果，也會了解你，告訴他自己所以這麼做的原因。而且屆時又會產生以前久違的新的人際關係。

建立阻絕依賴心的心理圍牆趕走雜念

教育評論家羽仁說子在《貫徹始終的孩子》此書中回憶起其在五歲時住在鎌倉的往事。「有天休息，母親帶我到建長寺散步。由於途中無公車可坐，且須爬坡到建長寺為止。所以還未走到主殿便走不動了。母親很想爬至山頂瞭望春海。『沒法子，下次希望能夠爬至

造成「熱衷心」的十條件.2

將討厭之事改採「喜歡的方法」便能集中。

山頂』。雖然母親平日工作忙，但尚未忘懷那件事，不久有一日又說：『天氣真好，今天我們就到建長寺一趟，一定要爬上山頂。』既然母親已告訴我目標，同時要求我意志堅定，那就一定要爬上峰頂。」

無人牽著手或從後推一把，而是要始終靠自己的意志達成目標才好。可見羽仁之母在無言中教她，沒有貫徹之自主獨立的態度就無法擺出自己全力以赴的姿態。只要敷衍一下做到適當之處，他人便會接下去，有了這種依存心就無法生出對每件事全力以赴的集中精神。

如先前所說的一時犧牲人際關係，而集中力的本質是孤獨，一旦遮斷周遭的環境、人際關係，擁有自己獨自的精神領域才會集中。

也就是說集中力是面對孤獨的內聚力。全力朝向終點跑完四二・一九五公里的馬拉松選手，他用一句話來表示，是在做孤獨的奮鬥，他們不怕孤獨，而勇敢面向孤獨，克服孤獨而到達最後的終點。

所以面對工作採取逃避的態度或者恐懼孤獨、依賴他人協助的態度，都無法產生集中力。

中國漢代武將韓信背水之戰也是此種例子，他勉勵部屬說，除了打敗敵人我們沒有第二條生存之道。使得將士們集中全力，終於贏得勝利。不論何人，只要真正集中全力做事時，既不瞻前顧後也不會期待他人的援助。

人靠背水之戰而自斷退路，才能集中意識。若換成對周遭的人有依賴心、恃寵心，反而會引起雜念，心焦難挨。

一人工作不如意時，難免會產生「我勞苦功高，四周人更應協助我」的心理，因此反而神經過敏，不要說集中精神了，連一點芝麻小事都會耿耿於懷。

一個人靠自己建立起心理的障壁，隔斷周遭的雜音及他人的援助時，才能培養對事物獨當一面的集中力。

將自己換成第三者的立場才能增加集中力

看過先前所提及的野村克也所著的《敵人在我心》，裡面有很多使人感同深受的趣譚，令我深表佩服。其中提到以代打高手活躍一時的選手，令我特別感興趣。

該選手不論是臨危授命或面對任何場面，一點都不在乎，以平常心進入打擊區，等代打成功也沒什麼高興的表情。相反地，代打失敗時也不會有過意不去的表情，只見平靜地走出選手休息區，野村教練覺得奇怪便問他：

「你不會緊張嗎？你以何心態上打擊位呢？」

據說選手這麼答，既然教練選我代打，自有他的道理，既然如此，由誰進入打擊區，不是該由教練負起選派的責任嗎?假如無擊出安打那是教練無辨人的眼光，又如結果良好，則是教練用人得當。因此當自己被指名代打時，就以平常心去代打。

野村教練分析這位選手的話，他以為代打結果如何皆為教練的責任，拋棄了非打安打便會辜負期待的心。除代打者之打擊該如何應付這件事外，又多方思慮這樣、那樣的結果，那能集中全力擊出安打?

所以，此選手以自己是第三者的立場而培養出擊出安打的集中力。

這種「代打經驗」富有暗示性，有時在開始工作後，腦中會浮上「我要把事做好」或相反地「結果不好該怎麼辦?」左思右想，雜念浮現，令人不安因而焦躁得無法集中。

此時如能像此選手使自己搖身一變而站在第三者的立場，換句話說，念頭中拋棄了要得到好結果的意識又能多貫徹自己的工作時，那麼對「這一球」之集中力便會變得更大。

提到「熱衷其中」，我們往往容易把包括結果在內的一切都視為自己的責任。固然為事實，但卻常常由於發生過度意識的結果，使工作一點都不如意，並且無法集中。

相對地，只要能站在第三者的立場，那麼便可組成心理的框架，掙脫出多餘的心理壓力，能夠集中在工作本身上，到頭來應可獲得令人滿意的結果才對。

2　靠映像控制而熱衷其中

趁遊戲時勾勒出自己在工作時其樂融融的映像

本章主要探討的是有關控制自己本身的映像，排除多餘的雜念、過度的緊張，而提高集中力之作法，首先在此先說明如何改變對工作的映像。

很多人以為自己的工作是痛苦的，我自己本身也不例外，偶而情緒降至谷底，無法在家中寫稿子或是在大學裡講課，覺得極為痛苦，有誰能一面感覺痛苦而又能集中工作呢？

人們一旦開始感覺工作痛苦時，想要排去這種厭惡感的印象談何容易。那是由於面對工作時，不管擁有什麼樣的工作是快樂的印象。也會像我一樣對眼前的稿件和上課情形都提不起興趣來。

比如說，你要求一位對做功課感到痛苦的學生，去面對自己的書桌，在教科書前勾勒起勉強自己讀書的姿態及思考，未免太強人所難。為了克服這樣的僵局，最好離開工作，置身於讓自己能實際感到快樂的氣氛之場所去，為未來描繪出一張藍圖。

亦即在散步途中或者在飲茶店正空思冥想時，要在心中明顯地勾勒出在家裡用功的姿態，或在公司做事時自己是多麼快樂，心理充滿了成就感以及生活是多麼富有意義的。

或者到舞廳跳至筋疲力盡為止，把心中所有的不滿或憤怒給排除掉，說不定就容易描繪出在工作時最有充實感或快樂感的印象來。

二次大戰前有一部電影『悲嘆的天使』，內容為一位大學教授在偶然間於街上碰見一位年輕的伴舞者而一見鍾情，便拋棄其職，跟著女郎輾轉各方，四處流浪，但最後仍被女郎所拋棄，他使了九牛二虎之力才回到以前所埋首研究的大學，並且在自己曾教過的學生課堂上倒下去。

此位大學教授對於單調的工作感到厭煩時，選擇了舞者同居並且尋求熱情的發洩對象，但終究對那種生活感到絕望，才明瞭從前的生活才真正有落實感及充實感之體悟。

人們的心態本來如此，在工作時便想著遊玩，到了玩膩之後便又想回到工作崗位上。因此，如果你想對工作有良好的映像時，想集中其中的話，那麼選擇在遊玩時描繪快樂的映像可說是最適當的。

在遊戲時，懷抱自己對工作樂在其中的映像，使此映像牢牢地留在大腦回路的話，在心情低潮不安、焦急時，特別有效果。

信任自己正面的映像便能引起意外的集中力

有位推銷員曾說，前夜若做個好夢，隔日則鴻運當頭，亦即在那種日子下去推銷，必然會一帆風順，生意則源源不斷地談成。他深信，夢中有好預兆，便代表了事事順心，也才能持滿自信，集中於推銷，而那種態度又吸引了顧客，所以商談無不能馬到成功。

如今回想起，當我們平常遇到好事便說「運氣好」，反之則說「運氣不好」。

尤其是在賭麻將或打鋼珠贏時特別如此。話雖如此，但在我們人的心理上往往是不相信「運氣好」這回事。這時便會暗地想，這是我的實力，但也有人會輕視那種成就，以為那只不過是偶然間獲得的。可是我們真能這般輕視運氣嗎？

深信「運氣」或者重視「運氣」的人，在運動員中較多。例如：在賽前看見靈柩車，那麼比賽一定獲勝，或者穿起上次比賽獲勝的衣服、襪子，就絕對能獲勝。或者留鬍子不剃，直到落敗為止，種種迷信方式，其目的就是設法迎接「運氣之神」的到來。

實際上，沒有任何人比運動選手更重視對於自己的工作之正面映像。這可能是由於運動本身就需要在短時間內集中自己的全知全能來和別人互競勝負所致。倘若集中力散亂，當然成績便差。

那些運動選手知道若要在短時間內集中全知全能，就必須要抱持自信。他為了達成極度集中的可能，就需要以各種方法來提升自信，為此最簡單的作法莫過於使自己深信「今日鴻運當頭」。唯有使運動員相信「運氣」才能面對自己心中的不安或者競爭對手所造成之心理壓力，而能無動於衷，使自己集中在競技上。

要相信「今日鴻運當頭」之說並不難，任何事皆可能時時注意自己得意之處，相信「所以自己好運當頭」、一帆風順，這麼一來部分的好運接踵而來，心情佳，連其他部分也受到好影響，而在心理上積極的氣氛因而產生出來。

找出一點線索，使自己的映像轉至正面並不難，而且不限於運動選手。有了樂觀的映像都能格外提高集中力，而使自己腦部的效果更好。關於此點，創作能力開發研究所所長——保坂榮之助，為此曾經做過多次的實驗。

首先把被實驗者分成A、B兩組。而且要求A組聯想對自己比較有利的映像。

例如，「成績進步」「工作順利」「跟女朋友約會」等。而B組則反之，想像對自己而言較不利的映像。例如，「成績退步」「工作不順利並且為長官所責罵」的映像。

然後，決定之關鍵在於自由聯想。例如，自「水」這句關鍵語起想到：「水↓海↓太陽↓飛機↓跑車↓女子」如此的進行。

據說，實驗的結果顯示，A組的聯想率比B組的聯想率高二成左右。可見做同一件事，對心中先想起對自己有正面的形象再開始工作的A組來說，更能有效果的使腦力集中。

實際上，經常維持樂天的思考，才算是壓抑多餘的雜念，集中精神不可或缺的要素。就算當日覺得全然不行，根本無法感到「運氣好」的氣氛，而因此陷於那樣的想法，結果反而每況愈下。例如，前巨人隊的長島茂雄，在職棒現役時代留下許多輝煌的記錄，他在退出職棒之際曾說了這句話：

「明天會更好。——即使今天全力以赴仍不行，我總相信還有明天，所以能專心揮棒，從不後悔。」

他正是深信「明天會更好」，所以才能在瞬間全力集中於那一擊，如此的作風才能造成這般漂亮如幻的一場表演。

據說長島轉換念頭極快。他是心情開朗的男子，即使結果不好，他也從不氣餒。所以他才能不被那些無益的緊張氣氛所壓扁。充分發揮集中力而漂亮地完成自己分內的工作，此種人對於人生、事業等之集中方法給予我們很好的啟示。

我們往往被眼前的現象所束縛，為每日的結果喜憂不定，結果總顯得拖泥帶水，但那樣實在毫不可取。面對工作就不斷想著結果，心中迷惑，甚至怕它將左右一生的話，那也只會被心理壓力壓得透不過氣來，因而工作無法順利進行。

想像「明天會更好」，使得我們的心情能有餘裕對付「明日」的事情，具有更樂觀的映像，事情比較容易做得來，現在我們的目標就是深信此想像，排除目前的工作所引起的不安及心理壓力。

我們需要常常對自己的「明日」抱持著希望，相信它並靠它變成對現在的工作有樂天的心得，這樣才能使我們容易集中，使陷入過度之緊張狀態下能獲得重生的機會。

深信「緊張是集中的必要條件」，才不會緊張過度

職業高爾夫選手中村寅吉在一次面對別人所提出的「職業與業餘之差異在何處？」質問中如此的回答。

「職業選手在緊張後能打得更好，但相對地，業餘選手則會因緊張而失誤連連。」

聽他這麼說，我覺得果然如此。站在發球點，在開球之前，一想到將展開的球賽便會緊張無措，這是不分職業或業餘皆相同的現象。遇此情況，若為業餘則越想放鬆越不可能，反而使喉嚨乾燥、雙腿發抖、全身僵硬，越是告訴自己：「不行，肩膀要放鬆」這樣的緊張越升高精神的壓力，沈重的壓在自己身上。結果會覺得自己的身心好像不屬於自己。

但職業選手則不同，雖是同樣的緊張，但卻能把緊張化為很好的發揮，集中於一點，球該如何打？亦即將肉體的緊張轉換為更容易發揮的技術。可以說是對業餘者無法排除的緊張障礙，職業選手卻能視為集中精神的必要條件使它正面化。

實際上，要發揮集中力，精神上的緊張是絕對必要的。問題是緊張的終點作用，若是能

使集中力集中是最好，假如只能讓雜念叢生則是最差的結局。

其重點就是根本不必去想「我如此的緊張是會遭淘汰」。因為拘泥於緊張，就等於輸給了心理壓力。為了使自己本身集中在「緊張之事」，告訴自己：「越緊張越好」。

這一來才不會怯場，反而能得到更好的結果。心裡想：「緊張是集中的必要條件」，才不會使自己在身體、精神二方面套上金箍咒，使全身僵硬而表現失常。反而能控制自己本身，掙脫出心理壓力，就可以轉變為自己的目標做事，並且集中去做。另外，假如只是解除緊張使自己放鬆下來，會使精神散漫，則該做得來之事也做不到，成了反效果。

3　應用助跑效果而熱衷其中

以非類似的工作，來一個精神的暖身運動，便會提高集中力

田徑選手要做柔軟體操及慢跑來放鬆肌肉。短距離的選手會反覆做起跑的衝刺。他們做這些熱身運動才能培養對本身的集中力而提高比賽成績。

讀書亦有相同之現象。雖逐頁地看著，心中卻是有雜念，對內容一點也無法看進去，所

以在讀書時不能集中的情況下，要重複地看一個地方，直到其內容完全理解為止。

這一來腦部才能跟得上內容，而能漸漸地集中精神看書。

當我想工作時總是無法集中，精神容易散漫，此時我改看一些習慣讀的書來讀，或做一些做慣的工作。遇此情況，何種性質、何種工作皆可。反正只要它能成為我該做之事的暖身運動。能使我集中精神即可。

假如你在做那些暖身運動時，仍然擔心著工作，心中急得無法放懷去做。這種人就不妨在該做之事中，挑選一件簡單的工作即可。即使簡單的作業，按全部的順序插在中間或置於最後都無關緊要。

因為是簡單的作業，所以精神多少散漫了一些，但總可以設法完成。

如此一來，完成了幾件工作之後不久，就完成了做正式工作的心理準備。

暖身運動可說是把精神能量導向一定的方向之導航工作。反覆的運動才能排除心中的雜念，使精神流向於一個方向。到了這種地步，再著手去做該做的工作，便能一氣呵成。

再言之，不要直接做原本的工作，在此之前，靠別的方法或者對象來消除雜念，以便提高集中力，才會更容易集中於本來的工作。我稱之為「助跑效果」，尤其是遇到明明有幹勁，但總覺得精神不穩定而無法集中時特別有效果。

暖身運動本來就是簡單地活用「助跑效果」所產生的方法，但是為了要更高的效果，被

造成「熱衷心」的十條件．3

如果有事使你牽掛，不是立刻處理掉就是暫時拋至一邊。

選為暖身運動的作業，不要和原來的工作類似。

例如，必須看一本歷史書時，最好避免找雜誌看來作為暖身運動。

因為怕你以「看」雜誌來逃避，成為「看」歷史書的代替行動。表面上採取「看」這種類似行動，實際上卻得到「看」的滿足感，不但不能「導航」反而失去了幹勁。所以完全不類似原來工作的工作，必定較適合做為暖身運動的工作。

在工作開始之前，要有自己獨特的儀式

在工作開始前，經常做固定的動作，亦做為集中的熱身運動的一種方法。這動作猶如削鉛筆、整理文件或者飲茶等任何事皆可。

主要是要告訴你自己，不能拖泥帶水，而把它做為一時間區間的明顯確認工作。靠此確認行為，趕走雜念，造成為使自己在工作前集中精神所必須具備的心理狀態。

例如，幼兒睡覺時，經常帶著洋娃娃或者浴巾等，只要有它，即可安心睡覺。這是經常行為成為一定的「儀式」之習慣化。所謂「就眠儀式」，同樣的道理，把一種儀式習慣化作為工作的區間。

例如，上次工作順利，我記得工作之前飲過茶，從此工作前必先飲茶即可。亦即把工作

前飲茶的習慣「儀式」化。提到「儀式」有些嚴肅，好像過於鄭重其事。其實只不過是將一個行動移到下一個行動時而轉換的氣氛，集中至一件新事物時所需的一道手續。

要練習插花或者茶道，事先以固定的作法整理道具，如學書法時必先磨墨，學劍道時則先做一分鐘的暝想，這一切都是為了下次的行動——插花、泡茶、寫書法、揮竹劍——提高精神集中力的「儀式」，亦即暖身運動。

如此在開始工作前，必需採取固定的手續為一種「儀式」，反覆做，即使那件事本身沒有具體的意味，但總可排除「擔心之事」並且可轉移為下一次行動之萬全心理準備。

假如自己常反覆做的儀式，在過去曾經帶來非常好的結果則更好。因為每次儀式完後，過去好的結果又回到記憶中。使你充滿自信，以為此次一定也同上次一樣，會有好結果。這可說是一種自我暗示的效果，但此自信卻使你對工作抱持積極性態度，為提高集中力的一大要素。

首先徹底做好想做的事爾後連討厭之事亦能集中

集中力不是單靠心想便可獲得。必須先著手做某些事情才能出現。但通常這第一步是很難踏出的。

我們常遇到某工作非得做時，卻又總是湧出雜念，怎麼也無心思集中工作的情況。

遇此情形，先把該工作擱置一旁，乾脆改做一些想做之事。例如，讀自己喜歡的書或者集中做某些趣味活動。反正要徹底做當時想做之事，不只是做到暖身的程度，而要徹底的認真去做那件可使你立刻集中之事。

在這樣徹底集中做某事後，再回到原來的工作上，就會意外地輕鬆做完。當然剛做過想做之事，所以減少擔心之事也是要因之一。不但如此，只要徹底集中某事，那時的集中力正可轉移到其他的事物。

這也是一種助跑效果，這助跑順利的結果會比暖身運動有效得多。

例如，有一小孩精神散漫、成績退步，這時你就不要叫他做全部的科目，只讓他徹底的集中於一種他得意的科目。靠該科目得到優秀的成績，就等於發揮「起爆劑」的效果，連以前他不得意的科目成績都變好了。

或者也有小孩積極地從事課外活動，亦在學科以外意外得到好成績之例。

這些例子，顯示誰都容易集中在想做之事上，也顯示一個人能夠徹底做完得意而喜歡做的事。此種精神可轉移至其他的事物上而持續下去。

所以明明應該做的工作卻又難以下手時，首先便要徹底做得意、拿手之事，再以此心得、自信態度對待該做的事即可。即使下一次要做的事是自認棘手、不願做之事時，亦能集中且貫徹做完。

假如有數個以上的課題都難以下手，那麼就先全部做做看

假如該做的工作只有一種，那麼就算不願意也較容易集中。但是如果是有二件至三件工作皆令人棘手時，便可能無從下手。

或者這裡有ABC三件工作，本來要按順序一一來做，但總覺得C似乎比A來得重要，或者B應該先做。因而產生不安，覺得每件事都使人擔心，以致完全無法集中，此時每個課題本身都成了雜念的起因。

遇此情況，我就姑且同時進行全部的課題，不再是ABC分開做，而是ABC同時一起著手去做。也許有人擔心，若ABC都要做就根本無法集中，終究ABC三者皆會半途而廢，這點請勿擔心。

只要下定決心同時進行，反正下手做做看，對某件工作總算有個全面的了解。有了全面的了解，事情就容易做得好。

而且此階段成為集中所需的熱身運動，又可期待它發揮助跑效果。這一來即可集中ABC三個個別課題，假如現在做A，就不再介意BC。

另外，全部放手一試，對每件事都可有相當的了解。這又有一個優點：對ABC之難易度或重要性更明顯。假如你不做，只在心中思考，總覺得ABC都很難，亦都為重要的，但

現在你已經了解三者皆只不過如此罷了，毋需擔心。

這等於畫出一張課題進度所需的導引圖一樣。只要心中有此圖案便無多餘的不安。

到此情況，該從何處著手，可依自己的判斷。可以由易至難逐漸推進，也可以先做難的，把簡單之部分移到最後。

若是我，就先著手做最煩的，最不易集中的。因為愈後面愈感到疲勞，較困難的課題就更難為了。

把同時進行的工作，看清其難易度，然後再排其優先順序。把重點放在幾件工作中。例如，先做自己當時最介意、最難的或者認為最重要的工作，使自己正在做重要之事的意識明確化，對提高每一件工作的集中力有意外的效果。

此時較重要的是從事一件工作時，不要輕易轉到別的工作，一直到獲得最低限度了解為止。因為如果做一半就放手便會產生前述的中斷行動之再生現象，反而會更使人擔心。除非每件工作都劃分清楚並同時進行，否則中斷了便無意味。

無論如何，假如同時有數個課題時，光在想該從何著手只會增加不安焦急而已。

把前日的作業留下一些，從那裡再開始便更易於集中

一般而言，一旦開始工作便能產生集中力，但在著手之前往往會費時費事而不肯開始，

像這種不容易發動引擎的人可以把昨日的作業稍留少許做為今日的開始或者昨日先做一些今日的份，採取中斷作業之再開始的方式，亦是有效的方法。

例如，翻譯外國信件時，在譯完一半的信件便停止一天的工作，隔日的工作便從前日譯至一半的信件開始。如此一來，很難進入狀況的人，也意外地提早集中精神起來。

這是利用「中斷行動的再行傾向」。集中翻譯信件時所呈現的一種緊張狀態。

當然，在翻譯終了便可解除此種緊張狀態，但若尚未完成就中斷作業的話，腦中便會殘留緊張感。亦即以擔心該問題之狀態而完成當日的工作。

隔日，重新拿出該信件置於眼前，把擔心之事放在眼前，因而能立刻著手去做。如此先做完前日的中斷問題便會產生助跑效果，而能順利地全心投入。

像這樣，我們可以靠一項作業的中斷及重新開始，順利進入與昨日相同之心理環境，而擁有立刻從事相同行動的集中力。

另外，完成一件事時，再轉向另一個新工作很難。這種人在面對新工作時往往會因為無法集中而焦急，如此空費時間不如在工作要結束以前，一時中斷，留下緊張，等再度著手工作時，在心中便會很快產生新的集中力。如此一來，即使工作一時的中斷，終究會得到良好的結果。

4 靠些微的動作設想而熱衷其中

將備忘減至最低限度才能增加集中力

有時聽人說話，由於太難了解或者精神狀況不好，話怎麼也聽不進去。遇此情況最簡單且自然的對策便是做備忘。開始用備忘後，注意力自然轉向話的內容，而更能了解對方話的意思。

另外，以前說話是說話的人與聽的人之間的單向溝通，但由於作備忘的關係，而成為往返的工作，聽的人產生了積極的姿態，而使被動的姿態消失無蹤，而能集中聽人說話並理解之。

也有人採取一概不做備忘，而集中精神聽對方說話的方法。這和昔日為了背誦英文單字，把背完的那頁有如吃進肚子一樣的情形。亦是讓自己陷入辭典的狀態而提高集中力之法。同理，刻意不做備忘而把自己放進一定不能忘掉的情況下，硬讓自己集中精神聽對方說話。但此種方法亦有其界限。例如，長時間演講而不做筆記，只憑其記憶演說，談何容易。

所以最好養成備忘的習慣。但是，如果一五一十地記錄每筆的話，就只能注意內容而忽略對方到底說的是什麼，而無法理解意思。

這一來，備忘等於白費心思。因為備忘始終不過是要理解對方的話，來提高集中力的補助手段而已。

所以備忘應以話的精髓、要點之部分為限。以後在整理時就可更了解全部，再把備忘視為關鍵語，從記憶中喚起關鍵語前後的內容。亦即比一字一句不漏地做備忘時，對話的集中度更高。

不只是演講。在一對一的對話場合時，假如因疲勞或者其他的事情狀況不好，怎麼也無法集中於對話時，至少要記下對話的關鍵語。

只要你心中決定做關鍵語的備忘後，你心裡就會想著，今天的談話中關鍵語在哪？因而你可集中於該談話，依此方式，只須做最低限度的備忘，逼你得仔細聽話中所該做備忘之處，亦即話的精髓所在。因而對該事本身可提高集中力。

把浮現在自己腦中的映像記錄下來

我們的大腦經常會思考各種事。各種觀念、連想、想像、映像，有時會多方面的湧出又消失。做任何作業時亦同，很難呈現專心一意埋首於其工作的狀態。

當我們覺得無法集中於某事物時，往往是因為擔心的事太多，而大多數與非做不可的作業卻毫無關係，這些連想也就是為雜念，會阻礙了集中力。

無論如何，想努力集中某事，除非明白掌握阻礙集中力之種類、內容或者來源，否則就無計可施了。

我若遇此情形，則會採事前先把它在我的腦中浮現一次映像，而用筆記備忘的方式，寫成文字後再讀，如此便可明白看得出自己經常被何事分散了注意力或者自己的雜念都以何模式出現等，就可懂得如何排除雜念，而使自己更能夠集中。

例如，備忘的結果如果出現很多有關於高爾夫的情景，我就立刻把獎牌或者道具等會讓我引起雜念的東西。設法藏在自己看不見之處。

相反地，可以利用全面休息來改變自己的習慣。例如，將平常都只打一回合的高爾夫改為一回合半，那就能過足高爾夫癮，而排除腦中有關高爾夫的印象。而回復從事工作的集中力。

假如迷迷茫茫放任雜念湧進或湧出結果如何呢？那就會使印象在腦中無止境地奔馳，像是翻倒玩具箱一樣。不論如何要告誡自己該工作了，僅管工作仍然很不順，甚至陷入難以收拾的僵局。

一般以為映像就是記錄可能設下的構想，或者需記錄之事。但是，其功效不只如此，這些記錄乍看之下雖然只是微不足道的雜念，但卻能大大地提高我們的集中力。

把思維說出來便可集中

在國外生活而得精神官能症的人，講話的行為減少，在說外國語時說得不順的挫折感是造成此現象的很大原因，因為說話的機會少而使本身的話無法發揮本性表態的功能。

據說，那些能適應外國生活的人，在回宿舍或者公寓時，一人獨處反而會盡情的「自言自語」以解除欲求不滿的現象。

即使不在外國生活，我們在自己不自覺時也會自言自語，此情形有時是靠自己說話來排除焦慮心躁，又有時是因為想使自己的意識集中於某件事，而把此心理作用變成了語言方式出現。

妨害我們集中力的成因之一，是思考中所延伸而來的各種聯想。雜念出現是因為思考的流動性太大，亦為腦過於自由奔放。

但是，假如人的思考改用語言、文字或者圖表來表現時，由於須具備形狀，則流動性會相對的減少。那是因為靠聲音使無限的思考方向性獲得多方向的擴散，而減少自由度和流動性，使多餘的想念消失。

像以前的拳擊手莫漢摩特•阿里，一走上拳擊場，不管對手聽或不聽，他都會我行我素的說個不停。他的目的在使自己在比賽時讓自己的思考能提高集中力的一種潛意識作法。
所以要使自己思考集中在某件事時便可自言自語，或者將之化為文字、圖表即可。亦即把平日無意識裡所做之自言自語有意識的加以利用。

有時站著工作也可幫助集中

筋肉適度的緊張，有助於提高精神的緊張。據說，亞尼斯特·海明威是站著寫小說的、托爾斯泰站著的那張小桌仍被保存著，又如現代的流行作家，很多人口述筆記時是不停地在房內邊走邊罵。

在地板上隨便一躺，蓋起毛毯而如此思考的話，容易鬆懈緊張而使腦的運作散漫下來。這一點經大腦生理學者的實驗後也很明顯的證實了。

再回想起當我們站在書店裡看書的情況。那些站著看書的人必須在短時間內查看該書的內容，分辨好壞或者適當與否。因此集中度相當高。就算不買書，但在偶然間看到的書的內容，也會意外留下深刻的印象，而久久不能忘懷，原因也就在此。

另外，如小學生行為不端，或者不集中用功時，被罰站著上課。這當然有處罰的意味，但另一個原因是要透過身體的緊張來避免精神的弛緩，提高集中力對授課也是目的之一。

又根據最近的一連串實驗，有一個人是坐在沙發中做腦力勞動的，另一個是處於或多或少必須使身體置於緊張狀態中，在從事同件事中發現，坐在硬椅子上的人比坐在軟沙發上的人其效率高了百分之十。

所以站起來這件事，當然會刺激我們的精神，使腦更清晰，也是可以激起集中的。

站立的姿勢是靠大約一百條左右的筋肉微妙的緊張或鬆弛的反覆支撐。所以也不是說要你經常站立做何事，不過偶而試著站立來改變心態、排除雜念以提高集中精神也不錯。

5 利用人際關係使自己熱衷其中

形成與友人、同僚的「競爭狀態」而增加集中力

職業棒球的世界難免受到世代交替的影響，接二連三的產生新明星球員。但是，據說尚無出現像王貞治、長島那樣的大明星。

如果此二選手分別屬不同球隊的話，便不曉得是否能產生ON這二大選手……，這樣的懷疑也不是無道理可循。也就是說二人同在一隊時，又在同一時期比賽，才能互相切磋琢磨

，也能在自己能力最大限度中又額外發揮出力量。

據說，二人的勁敵意識甚為強烈。二人異口同聲說，無論在練習時，或者正式比賽中，看到自己的勁敵發憤活躍的情況，間接受到刺激而激起自己的鬥爭心，看來是錯不了的。

王貞治、長島二人以勁敵立場競爭的事實，也告訴了我們很多事。例如，在工作上也是一樣，找到競爭對手時，絕對不願自己輸給對方，於是，便點燃了人類鬥爭心之火，繼而增加集中力亦是指日可待的。

像棒球可說是最典型的例子。必須在一瞬間，抓住投手投出的球而打回去的打擊者，才是好的打擊者。其實力若沒有集中在一局、一球，絕不會有最大限度的發揮。所以王貞治及長島二人留下如此偉大的業績，也是證明他們的集中心很強。

企業內也常有利用競爭心使員工充分發揮實力的作法。把同期入公司、同所大學出身、環境相似的二人，配置在同單位工作，讓他們互別苗頭，這是我在某大企業任董事的熟人告訴我的，他說在各方面主管員工的工作意願，相當費心思。

當二人意識到對方的活躍，而自己又不願意認輸時，集中心必定升高。所以我們平常就要找出自己的勁敵，或者一面製造勁敵，一面努力工作。

造成「熱衷心」的十條件.4

當自己緊張時，就想像「緊張是集中的必要條件」

向他人公開自己的目標，才能夠使每日的集中力泉湧而出

先前提及的拳擊手阿里，長期蟬聯世界重量級之拳王寶座，同時也以有意識的吹牛成為熱門話題而知名。

他有名的趣譚，是在羅馬奧運時贏得重量級金牌，偶然看見當時也來觀看比賽的世界重量級冠軍佛洛伊德•泰達生。他就在衆人面前公開說：「泰達生，有朝一日我一定會擊敗你，因為我是世界最強的人。」而泰達生回答說：「孩子，好自為之。」便一笑置之。但是，五年後的一九六九年，阿里為爭奪拳王頭銜而向泰達生挑戰，就如他的諾言一般贏得了金牌。人們知道五年前阿里吹牛的話，卻在眼前實踐了，皆啞然無言。從此之後阿里的事便出了名。

的確，阿里最初向泰達生挑戰：「我會擊敗你」，也許是衆所認為的吹牛。可是，阿里當衆宣布，向自己訂下一個固定目標，以後一定會朝向目標，不斷努力。

這叫「宣言效果」，無論是否有意識，這都是在達成事情時，常被利用的方法，因為集中心為達成目標的要因之一。

同樣是有名的例子，前三菱商事總裁——田部文一郎，進入公司時，向周遭的同僚、前輩公開宣布說：「我一定會當總裁。」說此話的用意在於經過公開的宣布，男子漢大丈夫一

言既出駟馬難追，所以他必須朝目標邁進且比別人付出多一倍的努力。

因此，他便充滿了自己絕對可以達成目標的氣魄。據說，每日過著充實的日子，結果田部終於實現了當總裁的理想。他在迎新會上常對新進人員說：「若有意在公司待一輩子的話，就要有最後當總裁的氣魄及心態才可。」

阿里和田部文一郎的例子中，雖然國籍與工作的內容皆相異，但是卻有相同的旨趣，在衆人前公開宣佈而又能實現諾言。可見「宣言效果」的含意很大。你不妨向你的對手立刻試驗看看。

鍛鍊集中力，在讀書時要有待會讀完全書再告知於人的心理準備

有次我採訪影評家淀川長治時，問他是何動機使他進入此圈子。淀川回答說：「我的家庭，喜好看電影。所以我很小就被父親帶去看電影。那時我的目的是回家後可以向無法看電影的家族成員們說其劇情。也因如此，自然我對任何影片都會鉅細靡遺地注意劇情。不久，我完全被電影的魅力所迷，所以如今才會從事此工作。」

站在集中力的觀點來思考淀川的話，可說有啟蒙作用的效果。他因為有要說自己所見的畫面予別人聽之目的，所以才能看到影片的真髓。

萬一淀川無此目的，說不定他只是迷迷糊糊的看電影，最後啥事也沒有，不會被它的魅

力所吸引。就是因為經常看電影看得目不轉睛，才發現電影的魅力和趣味所在，不難想像這亦是成為他獨特的評論活動基礎。

我發現自己從開始任教之後，與尚未任教時，讀書的集中度有很大的差別。因為自從我站上教壇之後，常有以正確觀念傳給他人為先行條件的心情。所以在平日言行中一句話也不敢疏忽。

當然也有跳讀的時候，可能因為平日已養成重點讀書的習慣。所以就算只瞄了一眼，就能分清什麼是要點、什麼不是。

無論看電視或讀書時，只要存有將內容教於人知的心態，集中心便會在不知不覺中培養出。在此觀點上，你所交往的人，應該可以成為你要鍛鍊集中力的最好試驗對象。就算你沒有說話的對象，也可以用寫感想文的方法。

第三章
排除刺目刺耳的對象而熱衷其中

透過環境的管理而培養集中力

《本章前言》

第一章曾提及過缺乏引起動機而妨礙集中的所謂「不起勁的狀態」。緊跟著提出的是，圍繞在我們周遭的物理環境所引起的集中妨礙。在實際生活中常表現為「不知為何心情散漫」「為何總是心情不穩定」的心理狀態，相當於它的集中妨礙。

在我們日常生活中就常體驗到，假如屋內溫度過高，會不知覺地打瞌睡。相反地，若溫度過低，也無法穩下心來做事。同樣，光線太亮也不好，太暗也提不起勁。例如，噪音對神經質的人來說是個很大的障礙。反過來像隔音室異常的安靜，也無法使人的心落實。以前我和橋田須賀子在電視中對話時所談到趕鹿的發音器之故事，讓我印象深刻，原本是為了更幽靜，沒想到那咔嗒咔嗒的小聲音，一旦覺得刺耳便使人受到影響。

好不容易坐下來寫稿，卻聽到那咔嗒之聲，就警惕著這樣不行，告訴自己我要趕稿，但正想寫時，卻又有一定間隔的鳴叫聲。不久漸聽得其節奏竟然有「你看，它又要咔嗒一聲了」而充滿耳朵的狀態，因此完全寫不下去。趕鹿發音器也許毫無感覺，但她認為這也算是一種噪音公害。

從此例我們知道為了發揮集中力，物理的環境整頓有多重要。只是這個問題的個人差異性極大，條件因人而異，此點尚須考慮，為何對某人是增加集中力的條件而對他人反而是阻礙集中力的條件，這種情形絕不稀奇。

已故的作家三島由紀夫連風聲都會讓他介意，所以在隔音室中工作是他的最愛。但是，同樣是作家的佐賀潛。不論在電車中或者飛機上，都能心平氣和的寫書。

另一方面，江戶川亂步在工作地點點起紅燈，牆上貼滿美女裸照，這樣才能使他文思泉湧。又有作家和藝妓先做愛，然後在床上才能寫稿的例子。

這些人可說是相當熟悉能發揮自己集中力的環境要因，親自安排需要的環境，在這一點上盡了最大的努力。

這件事情亦不只限於寫稿活動或在密室中工作。在大房間，面對衆人時亦同。

演講成功時，講師與聽衆完全打成一片，而兩者的集中力也達到最大的程度。會場籠罩在良好的氣氛中，重要的還是物理學的環境要因之整備，我認為演講的成功與否，講師的責任三分，會場設計者的責任七分。

首先成為問題的是，會場寬窄、聽衆人數的多寡。假如是在可容納一千五百人的場地，結果卻只來了三百人的話，再好的名講師也無成功的希望。

再如會場的亮度、周圍的噪音、有無小孩在其中，會場的音響效果等不勝枚舉，但是毫無疑問的，演講的成功關鍵就在於這些瑣事是否處理得當。

容易被忽略的尙有舞台的高度，講師和聽衆的距離等。在尙不習慣演講時，這些環境的要因萬一不妥備，往往會急得滿頭大汗地演講，這一切都得由自己負責，但待習慣後，心裡就比較輕鬆，儘量減少環境上的不妥備至最低的程度。

例如，若會場太暗，便可透過麥克風要求主辦單位：「對不起，光線太暗，看不見大家的臉，請負責照明人員把燈弄亮一點。」

假如會場較大而相對的來賓較少時就說：「各位聽衆，麻煩請往前坐，所幸人數不多，我們可以好好對談一番，請往前挪。」將來賓聚集在一起，就可感到說話容易得多。

假如覺得與聽衆的距離太遠，不易交談，我有時便會走下講台，在地板上說：

「今天我想和各位站在同一地板上交談，我覺得站在這裡比站在高台上更適合演講。」

用這些話語縮短與聽衆的距離，立刻能增加親近感，可釀造出和諧的氣氛。

如結婚致詞時，沒有經驗的人會背向大部分的賓客，站在不利的位置滿面流汗地講話，遇此情形，如能稍換位置改站在能面對全體賓客的位置上說話，那就能增加聽者的集中力，使一次的演說生動起來。

如此看來，若要增加工作的效率而加強集中力，不能輕視物理面的條件。關於此點，各位讀者必須該有所了解。

重要的是看清各物理面的環境與自己本身的關連，分析什麽是最能集中的條件？什麽又是不能集中的條件。然後以自己最有利的條件來定勝負，才是增加集中力的重要條件。

本章為了給各位這方面的啟示，把一般易於集中的環境要因，整理為四大要素：工作場所的管理，身體周圍的管理，工作時間的管理，音、色、光等物理刺激的管理。

從中選擇適合自己的一種試試看，得到與集中力有關的外在條件，至少可將「心情散漫」「不落實」等集中力最大的敵人排除掉。

1 選定場所而熱衷其中

決定自己能集中的獨特時間、場所、姿勢

環境因素中最先要說明的是，工作「場所」的選定。人們最容易受到環境的影響。所謂「入境隨俗」，即可看出「場所」的重要影響性。

當然提到「場所」，其廣義有著和環境相同的意味，包含當「場」存在的各種因素，聲音、光線、溫度、時間、裝璜、白色物品、位置關係等，以及關於周圍的物品、音律、光線的物理刺激以及時間的條件等，這些暫時歸納於別項說明，這裡只說明工作場所位置的條件。

例如，本章前言介紹一些作家在執筆之際，擁有自己獨特的「場所」「時間」「模式」者居多，如果細說江戶川亂步的地點，據說是在「倉庫中」「深夜」「四周貼滿美女裸照或者奇怪的東西」。換了森村誠一的傳聞則是和「家族分居，另買公寓做為工作室」「跟上班族同一時段」「用玻璃筆一小時寫一張」。

再說明選擇工作室的位置之基準，以及物理條件的優先，其實人們選擇場所時的意志、

喜好或者不知不覺中形成的習慣，其意味更大。

也就是說，不管客觀的工作室之物理條件有多惡劣，只要自己決定這最好，這是最能集中的地點位置，隨時處身於該地點便能使精神條件反射的集中起來。

所謂：「地點位置」不只是像「倉庫中」「公寓內的一室」，那種比較大的空間，還包含在同一空間內身體要採何種姿勢？要躺在哪裡？站在哪裡？睡在哪裡？等「形式」的問題。

意即人在集中某事之前，會選擇連自己都無從察覺的身體形式，下面就來看看那些沈迷於小鋼珠的人，各有自己非常有個性的姿勢。

有人放低上半身，彎著脖子努力的打；有人將左手放在機器底下的鋼珠盤，嘴裡還叼著一根菸。

不管是離開位置去買小鋼珠或者上廁所，發現自離席到執行回來之後，還是擺出與剛才相同的姿勢，才會再度玩起來，固定了「姿勢」才能在最短的時間內恢復集中力的狀態。

蹲下去，右手舉起球桿，閉上一眼，測距離——這是大家在電視轉播中所看到的高爾夫選手青木功的打球姿勢。可能青木功剛開始對各種試行錯誤，想集中推桿卻不理想，偶然採此姿勢，獲得博帝或者老鷹，才固定下來這樣的姿勢。

說它是習癖也不無道理，但重點是採此姿勢，可以使青木功在每一洞都能打出最理想的球，這亦是事實。

仔細回想在我們日常生活中，在無意識裡累積不斷的努力，但都未能昇華成自己固定的姿勢。例如，林肯在看書時，腳一定要抬至桌上。不論何種外型，只要自己能掌握自己的型，那麼他一定能發揮出舉世驚人的集中力。

不管怎樣的姿勢，在反覆嘗試錯誤後，必定會發現它的效力。結果從下次開始，只要擺出那「姿勢」，自然可進入最適當的狀況而立刻能集中起來。

「選擇場所」必須遠離日常的生活空間

只是那些富有個性的場所及位置，似乎也有幾個共通點。以下列舉尋找「自己獨特的場所」的幾個方式。

第一，為了遠離雜事、雜念，盡量選擇遠離日常生活空間的「場所」。例如，有些上班族在開會時，被指定提出重要的報告時，就會把自己關在會議室或者圖書室中完成工作。

雖然會議室和圖書室皆有電話，但他大多會事先交代同事一聲說：「即使有人打電話給我，都說我外出不在。」只要反覆做幾次之後，以後一旦進入會議室或圖書室，就能有條件的反射，集中所有精神來完成報告。

像我遇到截稿日逼近，卻未完成稿件時，不得已跑到旅館，開始自我集訓，結果說來不可思議，在家中令人十分痛苦而無法寫稿，一進入旅館房間後便馬上勁筆如飛地順利寫出。

也就是說，遠離日常生活空間，將雜事、雜念都排除後，才能得到集中力，以及最適合集中的場所。人們的生活本是由難以數盡的瑣事組成，這也是不得已之事，一旦要在一定的時間內集中工作，對前面所談的生活空間及氣氛，反而會帶來負面的效果。

仔細回想，江戶川亂步的倉庫，正是隔離日常的生活空間。森村誠一的公寓裡的其中一間，乍看之下，充滿生活味。其實只是一個遠離家族，毫無生活工具的混凝土屋子，所以是最適合隔離生活空間的場所。

昔日，哲學盛行一時，而大學先修班的學生，到了暑假要「思考人生」時，便會到古寺修身養性，也許有幾分做作，但總括而言在距離的、空間的遠離世俗後，心理上被日常的瑣事解放出，不管要用功或者思考人生，都是很合理的方法。如果視之為學生旅館又不可能住一年。

所以我們必須設法以人工的方式，創造遠離日常生活的超越空間和超越時間。如果是想在公司中提高工作績效的上班族，可以適當地設定隔離時段，在時段內可以告訴同事，自幾時幾分至幾分，我不與任何人說話也不接任何一通電話。

或者在自己的房門外，掛起在百貨公司買的「Don't disturb」（請勿打擾）的牌子，與所有的人約法三章，造成掛上牌子之後連門都不可敲的「神聖空間」。

二樓勝過一樓，高天花板比低天花板更容易集中

選擇「自己獨處的空間」的第二個要點，如前所言的，就是從一般自然的條件中隔離日常性。

也許有人認為，人人都說，日本的住宅環境很像兔窩，那能另外創造遠離日常的空間。但意外地，事情並不盡然如此。像在標準的二樓住宅中，二樓便可利用來好好地脫離生活空間，而且狹窄、天花板又低的小房子，反而有助於集中精神，這也是另外一種不錯的方式。

以前讀過井上靖的短文「家庭爭論」。

從內容可看出井上的辦公室在二樓，他家唯一的男性是井上，另有其妻及三位女兒。井上在書房工作時，太太和小姐們時而看電視時而遊戲，都可聽見愉快的笑聲。井上在樓上聽了雖然有些坐立不安，但還是會警告自己：「我正在工作。」

有時也想，我是以延遲交稿著名的，所以陪他們一起玩一會兒，即使遲些交，又有何關係。所以井上下定決心要下樓看看情形。便藉口要拿什麼東西吃，於是就手拿垃圾袋、橘子皮、寶特瓶等，露出「我有事才下來」的表情到客廳探看一下。

果然不出所料，那批美嬌娘們都圍著暖爐，邊吃餅乾邊看電視。一瞬間，女兒的視線都

造成「熱衷心」的十條件.5

開始工作之前先完成一道獨立而固定的「儀式」

投向井上，然後以不過是老爹的表情，又轉回去看電視。井上寂寞地想：「我被家人忽略了。」所以自己泡了茶，然後有氣無力地上樓繼續寫作。

井上以幽默感出名，揮筆寫的都是捧腹絕倒的趣事，我心想，假如井上的書房在一樓，寫出來的東西又會有何不同呢？

當然，先前的情景他寫得誇大些，但是妻女三人聚在一起，不難想像多熱鬧。我看過井上的其他短文，都出現數次這樣的句子：「下樓去……」。

因為井上對任何事都感興趣，所以人在二樓心卻在一樓，找到藉口便想下樓看看，所幸他的書房在二樓，才勉強能夠維持作家的生活。他可能也有自知之明，才刻意將書房設在二樓。

不必說，一樓是比二樓居家氣氛濃厚的生活空間。簡言之，是雜念的總匯，例如，郵差、新聞記者或者收款員會來。家人的出入、客人的造訪、煮飯的聲音、燒開水的聲音、準備飯碗的聲音、孩子彈琴的聲音……雜事、噪音一籮筐，看你受得了受不了。就算家裡無小孩，也根本找不到一樓比二樓安靜的家。

除非，樓下的房間多，空間又大，否則一樓大多不適合作為工作室。再說，因為工作室是該集中思考、讀書、寫字的場所，所以必須要有密閉感、隔絕感。但所謂密閉感並不是喘不過氣之意。

一個人倘若置身於太廣的空間，意識會飄在空廣的空間，精神散漫難以集中。例如，體育館、旅館的大廳，那樣廣的場地不適於個人的集中工作。例如《徒然草》兼好法師時代，他認為要寫作或思考只要有一方正（約三公尺）之地便足夠，增加書箱、椅子、書籍類等也以十個榻榻米大的空間為上限。

在巴黎時代常有畫家或音樂家出現，回憶當時大家過的是半餓不死的生活。多數住在舊公寓，或出租房屋的閣樓裡，也有人因為懷念而寫成書的，但他們有一共通點，就是一律認為當時的生活「充滿成就感」。

記得描寫白遼士的一生之電影『幻想交響樂』，他所從事於決定生涯名聲的場面，也在巴黎閣樓中。說是閣樓，是因其與日本房子之構造不同，所以無潮溼感，不管採光、通氣皆十分良好，而且天花板低，有適度的密閉感、隔絕感，比任何地方都更適合集中精神工作。

有時在屋裡放置一張桌子反而會左右集中力

有的人以為和生活空間隔絕的理想空間，是可遇不可求的，又有人認為，現在使用中的屋子本身不可能會變，得保持現狀，所以要建立起集中的場所之條件，以下便介紹簡便的座位設置方式。

一般的研究室或書房，桌子的擺放位置通常使人坐下後背對門口。說得更仔細些，人需要背對門，但桌子本身要放在房間的角落，使桌子靠著兩片牆。這點是需要擺放十張、百張桌子的公司或公家機構所辦不到的，但是在個人房間多會如此擺設。

理由是總覺得有點什麼「支撐」可以使人心穩定下來，無論在火車上、咖啡店、車站的候車室裡，人們大多自椅子末端開始坐起，也是相似的心理所致。

現在假設有張背向門口，面對著牆的桌子，工作了一會尚可集中，但不久不知為何再也無法集中。這也是很常見的例子。

也許可以說，這是因為集中墨守成規，但我們意外地發現還有一個理由，就是背後沒有安全感。人本來的感官只能管到自己的前方，所以難免對背面感到不安。雖然無明顯的意識出來，但總有發毛的感覺，以致無法定下心來。

也許不是每個人都會感到不安，但像此種因桌子的放置情形，而阻礙集中的例子很多。我的老師是心理學者，名叫宮城音彌，與一般人相反，他是背對牆壁而面對門口坐下，以便使每個家族成員的行動皆逃不出其視線。假如有人總覺得不知為何精神散漫，不妨採此方法試試看。

你不但能將屋內的情況，全納入眼簾，也能排除以前背後感到冥冥中的不安感。

其實像這樣的配置，由於民族性和住宅問題的關係，在日本不多見。但是，透過裝璜、雜誌等發現，其實歐美國家之個人房子，也大多把桌子擺在能夠睥睨入口的位置——例如，在房子的中央或窗口——各位讀者應該有疑問為何如此做？

答案只有一個，即為了消除背後不安感，以便達到集中的目的。仔細一想，即使只是四坪半的出租公寓，房客也還不是房子的主人。行為自然可以大大方方。根本沒有把桌子放置牆壁一隅的必要性。

這麼一思考，假如認為保持現況是無法集中的，不如乾脆背對牆，或者把桌子移至房間中央的附近。

假如桌子面向窗子，必然有開朗的心情，充足的陽光，這有時也是阻礙集中力的要因。所以把桌子一百八十度廻轉，保證會產生由散漫轉至集中的一百八十度轉換的現象。

過分執著「私人環境」在緊要關頭會無法發揮實力

前面說過，擁有「自己獨處的環境」，才是防止心情散漫及負面環境要因的有效手段。在本章的最後有一注意事項。

要有必能集中的「自己獨處的環境」，絕不是指在除此以外的環境不能集中也沒關係。不必我說，你本身感覺也要不得。

但是，現實上，在某一特定的環境中才能集中的經驗背後，充滿著除此以外的廣大環境，總是難以定下心來是非常危險的。

在我教授的大學或者一般上班族中都有「帶回家做」的說法。意指將文件、報告帶回家去完成，雖也有因時間不足，不得已只好「帶回家做」的情形，但其中亦有人必須把工作「帶回家做」才能做好的。

也就是說「只要在私人的環境」一定能做好工作。以我的經驗看過很多「在家一條龍，出外一隻蟲」之類型的學生。我委以工作，告訴他盡可能在今天提出報告，他就說：「老師，我帶回家做明天一早交出來可以嗎？」我不情願地答應，結果他隔日交出非常出色的報告來。

反過來讓他在學校做？則工作的成效差的離譜，真不敢相信出自一人之手。

這簡直是本末倒置。因為當初我們整個周圍的環境，始終是為了要習慣「集中」的精神操作，絕不是要你習慣「環境」而已。

乍看之下環境固定，其實不盡然。隨人的移動，環境也會隨之改變。所以「在家一條龍，出外一隻蟲」型的人不再給予「只要在自己的房間做……」的暗示，而是該暗示自己「我是集中力的高手」。

諸如在學校、研究所、公司、顧客公司、出差地、會議室——除非你像作家一樣是「在家工作」型的人，否則需要集中的場所，九成以上是自家以外的場所。固然優先整頓自家的環境很重要，不過領會集中要訣之後，必須在其他的場所也能集中。

據說系川英夫在大學聯考時，不大使用自己的房間讀書。因為他的兄弟很多，所以直到大學聯考之前，才分配有自己一個人的房間。由於這樣的關係，他對於「自己用功的房間」，沒有多大的留戀。

那麼系川英夫到底在何處用功？他說，在車廂、浴室、洗手間內。也就是說「隨時隨地」都是自己用功的房間。

不一定每個人都能像系川，但過度執著在「私人環境」「唯有自己的場所」之結果，若是處於變化多端的現實中，遇到緊要關頭卻不能發揮實力，便可能會產生種種問題。

首先要把各種地點改成「私人環境」「自己獨處的地方」，領會排除負面要素的要訣。就能累積出所有的環境都可以當作「私人環境」「自己獨處的地方」的體驗。

2　整頓周遭的東西而熱衷其中

無論如何去除周遭多餘的東西

在討論過選擇工作場所方式之後，再看看自己周圍環境。在這裡也有許多提供集中所需的環境要因。首先就成人來說，視覺是五感之中最發達的。所以透過看↓認識↓引起聯想↓不知不覺地想到與工作無關之事，這樣的圖式很容易成立。就書桌上的東西來看，那裡有很多「視覺性的雜音」。例如，檯燈、讀一半的書、日曆、鬧鐘、各種文具、筆記、便條、煙灰缸、茶杯……。有了它們的確很「便利」，但是若與集中工作無直接關係的話，就會變成阻礙集中的障礙物。

觀察導致心思紛亂而無法集中的工作室或房間，常看到堆滿雜亂的小東西，我們既有視覺又有思考力，難免會被外物所影響。也許有人認為我的意志力較強而不怕受影響，但麻煩的是，對物品的執著↓思考的擴散，與意志的強弱無關。有些把心理學納入經營管理術的公司，在公司守則中規定「桌上不可放置多餘的物品」。可說是證明了不管一個上班族多優秀，還是勝不過「視覺的雜音」。

常看到有人為了使心落實，在書房的牆上掛幅畫。也許對安撫心緒或者排遣心事有效，不過對集中而言，連一幅畫皆為「視覺的雜音」。說極端些，眼睛飄向圖畫，即意味著利用眼睛來逃避現實，所以阻礙了集中力的發揮。

說得好聽一點，也許可因見畫而想起某事，但對集中而言，只不過是雜念、雜音而已。首先，「眼睛」逃避現實，接著連「心」也都逃逸無蹤。所以需要集中的地點，不要放置多餘的物品比較安全，此言亦可成立。

例如，看到警察局的嫌疑犯被叫去偵訊室時就更清楚不過了。世界各國的偵訊室都有一個共通點，即是孤獨放置著一張桌子、椅子以及灰色的牆壁，既無壁畫亦無花瓶。目的是靠此空曠的擺設，繼而封住視線、封住心，避免產生逃避的心理。

警察要求偵訊室的嫌疑犯對刑事的質問不要答非所問，或者不要說出多餘的感想，有問必答就夠了。為此需要最有機能的裝設，也就是空曠的房子。

人為不能集中而找藉口，常說「自己的注意力分散」，但其實人們的注意力，任其放置不管，本來就容易流於散漫。所以說善於集中的人，與其說集中本身的能力優異，不如說是善於排除容易引起注意力分散的動機。

時間愈是緊迫，鬧鐘越為最大的「視覺的雜音」

就算要整理身邊的多餘物，倘若時間緊迫，也許很多人心想，至少桌上要擺個鬧鐘。可是，這有著意想不到的問題。的確，若完全不知時間是會令人不安的。

所以有時間問題的工作，擺放鬧鐘與否，會大幅影響心的安定度，但那也不過是必要時所感受到安心感罷了。假如不斷去瞄時間，那就不得不說其負面效果更大。因為每一次看時間，便會使集中力中斷，焦慮亦成比例增大。所以最好把鬧鐘只當作護身符來想比較好。

而且不一定只有時間會逼迫工作。本來心的集中力成問題時，背後經常是時間的關連所致。簡言之，可以從你買此書的動機來考量。

你一定想「培養集中力」，為何想培養集中力，大多為了可在短時間內處理事物。反過來說，你現在工作之際也許常常花掉許多不必要的時間，你是否認為自己是效率差的人，說不定你焦急之因是我比他人缺乏效率。

為何只有人會焦急。……據說，因為唯有人可意識到「時間」。不能集中時，一定會出現焦慮不安的症狀，等焦急感增大更會奪走集中力。

亦即越不能集中越介意時間的這個說法成立。結果與他人比較的「相對時間」和在無意識中留給自己的「絕對時間」交錯，使精神一直掛意著時間，所以越易焦急。實際上，並不是擔心眼睛看不見時間，而是介意鬧鐘的針、收音機、電視等會告知時間的東西。為了克服此症狀，最有效的是以時間為主，凡會告知時間的一切東西，都要自眼中看得到的地方拿走。

的確，脫離時間也談不上集中，但它始終只是個手段罷了。所以一邊看鬧鐘又一邊工作，就不算是真正能集中精神。

有人在緊要關頭時，讓所有的時鐘停擺而集中準備工作。還有我的一位好友，是個上班族，他常會御下手錶置於眼睛看不到的地方，透過此行為，他便覺得心安，而以從容的態度工作，結果自然能聚精會神。

當然在一個忙碌的現代社會，無論何事都有時間的限制。但時鐘所刻下的物理時間，和人們身心之工作密度的高低在本質上有差異。所以若是無謂地意識著時鐘所刻的時間，在此意識作祟下，工作起來就很馬虎，難免遭到務必重來的狀況。

為省時間而集中，卻又完全無視時鐘所告知的時間而做事——絕非矛盾。

身邊經常放置使人產生目標意識的物品

假如自自己的身邊趕走「雜音」是集中的第一步。接著該稍微的積極，使自己的意識向目標集中的身邊靠近才對。

以下的例子可能會提供很好的啟示。網球選手比利・瓊金，據說他平日球不離手，有時把它拿在手上，有時放在眼前，經常把全部的精神都集中在球上。所以到比賽時才能全力以赴。

我的一位好友，在中學畢業時，被指派代表上台致謝詞。雖然他人很聰明，但卻有些膽小，這一來不但使他感到不安，甚至無法安眠。

但是他心想，被派做此任務是他的榮譽，他必須順利完成他的任務。於是以後一天二十四小時內，無論走到哪都把用毛筆寫成的致謝辭帶在身上。據說過著這種致謝辭與起住共同的生活。不久他便能習慣這個工作。

偶然間，有次我坐計程車，從司機那聽來類似的話題，我欣賞他，他值得成為模範駕駛員。所以隨口問他秘訣在何？結果他告訴我，是因為每次他出門時，太太就把全家福的照片放在他的口袋裡。

他說，當然不是在開車時經常想到家人，但是在有意無意中會使他注意開車安全。

這種用似有若無的意識來幫助注意力的集中，可能類似於在工作室放置象徵目標的某物品，如自己欽佩的人物、想去的目的地等，或者寫下為自己訂立的目標，或者把有關係的物品帶在身邊等。在身邊彌漫起目標的氣氛。

雖然平常會遺忘，或者無特別強的意識。不過，透過類似像所謂的SP（Subliminal perception）的效果，使人的心漸漸朝目標集中的效果便指日可待。

想持續集中最好不要整頓身邊的東西

如果自身邊拿走多餘的東西，靠象徵目標的東西謀得氣氛的統一，也許有人會想到每回工作的第一步，必須自整頓身邊的印象做起，這也許麻煩一點，但是如果至目前為止尚不能集中，卻又務必使自己集中不可的話，那就須從整頓身邊的東西開始，的確，這可以說是眼前的方策。

但是，一旦開始集中工作。那麼今天我很想再持續那樣的集中狀態，情況便稍微改變。

例如，快截稿前的幾日，必須集中寫幾十頁或幾百頁的稿子之大部分作家，對於工作室保持原狀都有些神經質。雖與前項所說的「唯有自己的地方」之想法有關連，但也有像我認識的已故的朋友坂口安吾一樣，他有個怪脾氣，放任工作室雜亂，連太太都不准碰。

不管多有才能的作家，面對桌子也不能一下子聽到「預備，開始！」就能夠有個「執筆幾分鐘前」的狀態，有這樣的記載，連大作家這樣的人在開始工作時，會時而在紙上塗鴨，時而摸摸抽屜中的文具；或者移動桌上的小東西。有一段時間毫無目的地玩著。

無論昨日或前一日，都是先玩一會，精神便來。所以一下子便寫完一天分的稿量。

雖然一般人的工作量沒有他們多，不過任何眼見闖入自己「集中之地」的人，便會感到不愉快。愈是工作順利，對此越氣憤而有「被侵入之感」。

話雖如此，當中也有喜好整頓周遭環境之人。假如二日一次、三日一次，無整頓房間便心癢，那他便會過意不去。

整理雜亂的房間或者桌子，把A放回A處，B處放回B處。等房間整理好再面對桌子坐下。心想，今天和昨天一樣要集中工作。

雖不是全部的人都如此，但卻意外地無法如昨日一樣地集中，或者縱然能集中，但到集中狀態時所花的時間可能是昨日或者前一日的幾倍。

因為工作不是賭博或者許願，所以要把某物放置與昨日分毫不差的相同位置……那只不過是要換得手氣的方法，毫無意味可言。

當然你也不必刻意改變好不容易能集中的環境因素，順利進行時的整體氣氛始終要珍視。這一來，就算暫時中斷，經過短暫的暖身運動便能再集中。

萬全的準備反而不能集中

依據「身邊的整備」這項主題，最終難免面對精神集中所需的理想身邊環境是何的問題。關於此問題最正確的回答，可能是那個人覺得最好的環境就是他最理想的環境。但那樣說的話，未免太直接了當。在本項最後，我要舉出一件有關現在所談主題的事。

亦即理想環境的思考，難免附帶準備萬全的環境之意象，我想說的是萬事俱備，要什麽有什麽的環境，對集中的效果是適得其反。

俗語說：「玉不琢，不成器」——它是準確地表示環境和人之間的關係。因為人類是依環境狀況恃寵而驕的動物，所以在毫不缺乏的絕好條件之下，反而不能發揮自己的能力。遇到了困難才會為克服困難而全力以赴，結果成功時多。

對於職棒亦有相同的道理，在滿壘無人出局的理想比賽狀況下，意外地無法得分，反而要在二出局一人上壘的情況下才能得分。

在數十百年前左右，我祖父的曾祖父輩，經常想集中某事，卻經常找不到想要的東西。

造成「熱衷心」的十條件 .6

有意識地獨自決定自己能集中的場所、時間、姿勢。

例如，想學外國語時，既無老師、辭典，也無課本，至於學校和學習的環境比起今天是太惡劣了。但是他因為有學的毅力，所以多方尋訪，拜師學藝，或者手抄辭典和教科書，拼命地不斷學習。

相比之下，我們可說是天之驕子。環境太優裕，但是，卻有可怕的陷阱等著。那就是對慾望的抵抗力逐漸地減少。

做功課時有堅固的桌子，有理想的照明。空腹時有營養高的宵夜，為防止打磕睡而有咖啡、茶，假如工作累了就稍作休息，看看輕快的讀物或者電視、收音機，到了冬天有溫足器、電熱器，可要什麼就有什麼的條件下，人哪能集中？

本來對或多或少的溫度變化，因飢餓等所引起身心機能的不平衡，靠連自己都無法發現的一點點的耐心，就可克服。

但是，如果身邊放置滿足欲求的道具，便會不經心的隨手拿出來用，心想，只是短暫時間而已，然後便聽收音機？或者說，喉嚨太乾了，然後便去飲茶；一會熱一會冷就會調節暖爐，這些多餘的舉動哪能使人集中？

說來遺憾，人們身心機能的平衡時時刻刻都在變化。剛剛才喝過咖啡，下一瞬間說不定想喝茶。準備周到，不外乎喚醒眠中的的欲求，也就是以甜言蜜語來滿足欲望。這正是來自環境最大的負面因素，也是阻礙集中精神的雜音之最。

3 利用音、色、光而熱衷其中

聲音不一定全會阻礙集中

雖然四周的顏色、音樂、燈光等，早已全包含在選擇場所、整頓四周等問題，但是物理環境的要因會令集中影響我們。

首先誰都經歷過，聲音會阻礙一般的集中力，任誰要集中去做某事時，都想尋找或創造盡量安靜的環境。

可是，常令人感到意外的是，造成幾乎完美的隔音狀態或者置身在寂靜的環境時，乍看之下，理想的集中條件完整，卻反而無法集中。

有位學生為了作聽覺實驗，而待在四周有很厚隔音牆的房間裡，提到他在裡面的心理狀態，根本無法集中自己的注意力，甚至連自己的呼吸聲、心臟的跳動聲都會在意。耳朵裡一陣地疼痛。雖然狹窄四面圍起來的實驗室不同於一般的工作場所，不過這一典型的例子也是值得參考。

的確，置身於人煙稀少的深山中，或幽靜的秘境時，本想一定能專心讀書，沒想到不知何因心中卻千頭萬緒，無法集中。古詩：「蟬噪林逾靜，鳥鳴山更幽」，突如其來的尖銳鳥叫聲或者犬吠聲等，可凸顯出安靜，為何反而更刺耳。如橋田壽賀子的趕鹿器之例，說不定連那微小之音都感到的寂靜，反而會使心理作祟。

我們想集中某事時，會在心的周圍建立一座牆，造成一種自閉狀態，那是想避免外面阻礙集中的物理刺激之心態，同時亦是封閉思緒容易向八方擴散的心態。凝聚心是思考一個問題的心功能。所以因為有某種程度的噪音環境，我們為了保護自己的身心不受噪音的干擾，才會造成自閉狀態，此狀態引來集中問題之心得。在過於安靜的環境，有時亦無法集中是由於最初的自閉狀態對噪音或者隔音牆，容易造成我們的心太過自由奔放所致。

再說聲音以外的問題，獨自一人感到寂靜不安亦是可能因素之一。再者，在電車、飲茶店、人多的場合反而能集中讀書、寫稿，這是相對照的事例。互不關心人們的存在，可說是正適度刺激耳朵噪音的關係。認為在廣大禮堂那樣的場所，想一人讀書，也穩不住心的人太多了。

在這裡主要是說，為了集中而需要有安靜的環境，亦是當然的要求。但過分安靜的環境，反而會阻礙集中。所以觀念過度集中，效果適得其反。若人有某程度的噪音圍繞，反而會有穩定的作用。所以首先，腦中須有此念頭，對聲音盡可能防止過度敏感。

有人說，萬一十分擔心噪音，很單純地，使用耳塞是最原始、最有效果的方法。又有叫做淹蔽效果的，是在自己的身畔響起愉快的音樂，這亦是不擔心噪音的方法。

關於音樂去除噪音的淹蔽效果，還有作為B、G、M（Back Ground Music）的積極利用方法。

太亮的照明使集中力分散

緊跟著聲音，光線亦是一個因素。簡單的說，太暗或太明對集中皆有負面的效果。在心理上的機制稍加不同。

一般認為過暗的照明會增加疲勞感，而過亮的照明使注意力分散。這點從入夜後可很快地看出。夏天，外面的陽光普照時，在戶外讀書當然是無道理的，但即使是在室內陽光透射進去，光線太明注意力也是難以集中。

由於光線過於強而導致眼睛疲勞，周圍的一切皆因看得太清楚而使心容易分散。所以我們須拉下窗簾或百葉窗，阻止光線的侵入，以人為的動作使房間變暗。那也就是為什麼要等夜晚的來臨才能得到安心及肉體上的安樂。

一般認為，四十～三百勒克斯的照明最適於讀書。人人各有最適合自己的勒克斯。因此，「太明」或「太暗」皆因各人的感覺不同而有所差異。習慣以較低的勒克斯當自己最適度的照明的人，在日光燈很亮的辦公室或研究所裡出現時，常會因為太亮而無法集中精神。對於那種人來說，太亮的照明設備跟白天的太陽光線是沒有什麼差別。

我們可想像熬夜的體驗就能了解太亮的光線該如何減低。從黃昏時分開始讀書或者研究，雖無心理準備開始思考，可是心頭正旺而沒入其中，在不知不覺中東方漸白——應該誰都有此體驗，雖身體該很疲倦，可是能夠集中於滿足自己帶來的成就感，便感到幹勁十足，甚至興致勃勃的做至中午。

可是等到朝陽之光射入屋內的同時，不知為何總覺得穩不住心，本來是集中的房間，卻忽然感到雜亂感，開始擔心起各雜事，到頭來千頭萬緒，心情分散而無法集中工作。

像如此太明亮的光，的確阻礙集中。現在姑且不論個人好惡，單純以物理現象的刺激為考量時，除非在日間工作的「視覺的雜音」提供更多的障礙，否則那些安靜穩定的夜晚，在更暗時更能提供照明，更適合集中。

單單靠照明於桌上，就能增加集中力

聽舞台的演員說，倘若客廳真的太暗，只有自己投射的燈光，反而無法集中，不亮也無關係，只希望客廳能明亮一點，這樣的光線結構，集中桌子對人的照明亦有相同的關係。

提及集中的二原理：㈠從對象的周圍去除障礙物等。㈡設法加強關心對象而持續下去。

這兩種工夫，照明屬於後者。像在桌上可對某對象投向強烈的光線，關心那對象亦是當然之事，愈是部分性的照明，愈會使對象周遭的雜物模糊，使對象浮上，自然覺得趣味盎然。但是若認為如此可有效阻止注意力分散，當房間四周太暗時，卻又無法集中。

先前演員說的情況，可能是因為只有自己被照明，所以有不安的狀況，看不見觀衆的反應而感到不滿。自己與周圍之間的落差過大，就不適合同一劇場，共有一空間所演出的戲劇節目。

像桌子照明的場合，如果工作場所周圍的照明之落差過大，還是有問題。我們在工作中視線頻頻投向四周，但此時如亮度差太大，不只是眼睛而已，心理亦會引起疲勞。我們的眼睛及心理被過於耀眼之光所引起相同的疲勞支配。

該如何是好？當然如果全部的房子也與台燈相同，集中照明就無意味。反過來，台燈若暗一點，則周遭的明亮之組合在理論上可行。只是實際上，全體被周圍的光照射，不可能產生只有台燈部分暗的現象。如果硬是造成像影子或鏡子的狀況，則周圍更亮，注意力顯然會被外面所吸引。

既然如此，剩下的情況即是投在桌上以強光，房間改微暗的光線，亦是雙層次的照明。我們躲在旅館，關在房裡時，工作效率特別好。原因不只是離開日常的生活空間，也是房間的照明自動調節所致。

提到照明，我們容易想到，反正照亮就行，連一丁點的設想都不肯試。還好，最近隨處可買到同旅館一樣可以把光度調自在的台燈，剩下來只把房間本身的照明改暗一點即可，願各位讀者能掌握自己集中用光程度的差異性才可。

事關連到光線，尚有一個周圍顏色的問題。此問題亦簡單說明。根據色彩心理學的觀點，紅色或橙色以及粉紅色為暖色系。充滿著家庭溫暖的味道，可說是雜念的溫床。相對地，冷色系使人脫離家庭的氣氛，是合理主義的世界色、事務的世界色。相比之下，後者較適合精神的集中。

據說在商業世界，有把鐵櫃或四周彩色化，帶給辦公室明亮的色彩趨勢。但在此動機之下，據說在壁上塗上的都是冷色系。由此不難看出壁的顏色，亦是重要而不能忽略的因素。

4 管理時間而熱衷其中

容易精神散漫時，要定下心來分單位的預程表

以上說明我周遭的物理環境，影響左右集中精神的現象，但還有另一個完全非空間的環

境異質，那就是「時間」。提及時間，像所謂的歲月催人老那般，被認為具有代表人力不可抗拒的存在性。

話又說來，雖然富貴和才能以及運勢有不公平之處，但只有時間任何人一律平等。對我而言的這一小時對大富豪洛克菲勒以及牢獄中被判刑的犯人來說，都是同時度過。

在物理上的確如此。你想，把自己的一小時改成他人的二倍之長而想，從中獲利確實達不到，但若把物理上的時間改為心理面上時間，那就不盡然。而且我們實際上的落實感在於其中的工作、忍耐、快樂等，皆為心理的時間而不是物理的時間。心理的時間與物理的時間的差異，同一單位必同長，但密度卻不一。

由此可見，我們可用心理的技術來操作我們的感覺，例如，時間的長短和密度的操作，可以從精神集中面下工夫而完成。

例如：某博覽會的展覽時間只剩一年時，新聞登「離某博覽會只剩一年」。可是特設繁華街的看板卻寫著「只剩三百六十六天」。

將一年改說：「三百六十六天」，看似是同一件事，可是聽的一方卻有相當不同的感受。

用短時間單位說更現出迫切感，也更了解日子一天一天過去的感受。但換說「一年」，不管過了幾天都不受心理的影響。

這個方法可在我們的日常生活中，為了集中精神而加以應用。例如，「日」改「小時」，「小時」改「分鐘」，如此各降一級。

如果我離截稿日已近，但我尚未寫完，編輯催促我說：「先生，拜託！離截稿日只剩三天」，那我會回答「哦！是嗎？」但心裡會有「再放置一天不管也無妨」的思緒產生。但是如果改說：「只剩七十個小時」，我就會說：「什麼？」驚訝加恐懼，不得不加快趕稿。

據說到江戶時代為止，等待時間差三十分或一小時皆為司空見慣之事，到今日我們有很多人對時間很馬虎，「×小時前」或者「再×日左右」的情況很多。那種模模糊糊奪走的緊張感，度過散漫的時間也無法預期。

所以日常的時間單位要訂嚴密。例如，約定的時間不定三點半左右而改定三點三十五分，又提出時間分段時也定二點五十分，那樣可養成「二話不說」的習慣。

票房扶搖直上，紅的發紫的很多演員都以分秒必爭的預定表排定活動，那種時間雖然使他的經紀人傷腦筋，但是演員本身無受到他人的精神壓迫。因為他能體會不以「日」或「小時」來思考而改為「分鐘」來思考，懂得以「分鐘」來集中即可。

當然，難免有適度的緊張，可是比起一天八小時的勞動，迷迷糊糊地工作，人受重苦而疲勞，那些演員心理的疲勞可說不大，甚至於又可在心理上得到享受。

使用的程度等等——左右——心所弛緩的是集中之敵。加以弛緩被追得進退兩難時，常帶焦急感，假如透過分秒必爭的心態，自己追趕自己，如此來排除心的弛緩狀態，到緊要關頭時焦急之現象可自然消失。

零碎的時間是集中最好的機會

經過觀察那些超忙的名人，被委託為雜誌寫連載文章時，其交稿情形，發現原稿大部分都在航空的候機室或者演講當地的貴賓室，一邊搭飛機或火車，一邊寫稿。像已故的作家佐賀潛是典型的例子。據說，同樣已故的作家花登筐曾也是「移動執筆」型之人。花登經常將稿紙放在〇〇七公事包中，利用中途時間寫稿，可說他們都是利用零碎時間的高手。

眼見時間浪費在途中，很多人想「這樣零碎的時間，反正做不了何事。」可是，那些會利用零碎時間的名人就不如此想。寫二十行也好，二百字也好，總覺得無所事事太可惜了。以工作量而言，如此努力的累積意外產生大的結果。

至於很難集中，很快使精神散漫的人，其實愈是中途短暫的時間愈容易控制。不管怎麼說，才五分鐘而已應可聚蓄集中才對。只要心想才五分鐘而已應不會厭膩才對。

實際上，仔細檢討我們平日的生活便發現等待的時間太多，等待巴士開至目的地，等待開始工作時，等待別人到來，等待服務生端上餐點，如此這般，他的總計時間可能不只一小時或者兩小時而已。也不一定是全部的時間都能利用，但至少等車、等人的時間，應可自由使用。首先從那裡開始做集中即可。

實行的要訣是明確的設定小目標。例如，「等火車時背英文單字」「等人時念十頁的文庫書」，如此這般周而復始，「小集中」漸漸弄假成真。結果對其他等待的時間，在不知不覺中便會條件反射地拿出口袋的單語本。

成城大學石川弘義教授介紹，把一日比喻成行李包，把途中時間比喻為放行李的四個小口袋，作家亞林斯特•貝林特的「四隅的時間」，雖然一天的空隙沒有全部埋沒的必要。可是，在每日的空隙中，多得是為集中活用的機會。

而且，零碎時間的利用，周而復始，可以使你了解到其中的玄奧，從前的你是不是在時間關連之下，把集中認為是在短時間內把事情處理完，其實「集中」的意味與時間無關係。

在那裡只有無數的小目標罷了。埋首其中完成眼前的小目標，到時發現已過一定的時間，這才是集中。只要養成習慣，在途中集中時間，就能體會那種感覺。

造成「熱衷心」的十條件.7

一旦能集中，就最好到結束之前勿整理身邊之物

5 應用「時間感覺」而熱衷其中

在同一時間內做兩件事養成集中力

像前所說的無法集中的問題之原因，是在預定時間內，無法完成工作的比例不少。也有個案顯示，愈是想非儘快完成不可，集中力愈成反比現象。之所以到此地步，是因為集中工作的氣氛被阻礙所致。

例如，有種叫做「半途用功」法。近來的中、高學生在用功時，常常邊聽音樂邊用功。父母親難免厲聲責罵「邊聽音樂那能認真用功且集中精神」。的確，其中也許有一顆心被音樂奪走，根本無法用功。

但是，有時也會發現自己完全被不同的心所奪去，又有時忽然發現其他事所吸引。例如，較常發現在想女朋友的個案，這是被阻礙集中因素所拖累之結果。但又有時相反地會有連自己都驚訝而能集中用功的例子。

例如，據說評論家竹村健一被說成「複線型人」一般，擁有一次可做二件以上的「特技」

。以我之見，那是集中力多方向發揮的稀有能力。像此事是一般人不可能辦到的。至於聽音樂或寫稿，邊看電視邊吃東西，邊上洗手間邊讀雜誌，這類事我們也應該可做到。

但是，竹村健一就不一樣，他可邊與人談話邊構想夜晚執筆預定的稿子，或一邊讀英文一邊思考演講稿的概要，像個超人一樣，好像沒有做不到的事，而且無論什麼事皆做的完美更是驚異之事。如此培養提高集中力之訓練，雖然不必以成為如此高手做目標，但終究可以將它看成增加集中力的方法。

為何在同一時間做兩件事可養成集中力？關於此事，不妨實際想像起集中做某事的狀態。

開始時是邊聽音樂邊工作，但是不久，工作熱絡起來，音樂應聽不進去耳裡才對，固然音樂仍然會自然地進入耳朵，但是以後回想是何曲？何人演奏？這些事皆無法思想，這是因為在意識方面完全只朝用功一方而已。

一般人若同時進行兩件工作，就會在不知不覺中集中意識。這點可利用心理法則，平日多訓練，剛開始可能產生認真聽音樂而忘記工作的相反情況，但即使如此也會使心情低落。

只要在自己的意識底層，有意集中工作必定能集中工作。所以不妨看開點，認為同時進行兩件事，就是在養成阻礙集中心的各種抵抗性要因。

對提不起勁做的事，只要規定當作「習慣」便可養成集中力

任何人都有一兩件事怎麽也提不起勁來做，若勉強開始著手。哪能出現集中力。當然，內容亦不落實，如此只會得到不滿的結果。

遇此情況，剛開始時不要想養成集中力，姑且使自己「提起勁來」，為此硬把那些事情放在自己生活「習慣」的定位即可。

例如，一位有名的哲學家兼詩人的保羅•梵立，每日在天未明時就起床，把時常浮現在腦中的構想寫在雜記上，他做此工作數十年如一日。最初因不太起勁所以沒什麽值得一提的構想。

不久這工作在保羅的生活中，成了習慣而固定下來。據說，以前未曾想過的構思也都浮現腦中，而能充實雜記本身。

可見他後來偉大的業績就是當時單純的習慣所帶來的成就。

如公司的工作，有時因為將來可能的需要而奉命學俄語，遇此情形，那樣的作法很有效果。每日早起看幾頁教科書，最初也許相當的痛苦。

不久，成習慣後，至少對科目的過敏性心情會淡化才對。這一來，事情便有希望，因為至少能確保集中力的根源。

如果有人說那樣還是不行的話，可分組實踐下列方法看看。也就是邀對某事同樣不得要領的人約四、五人，每日早一點上班，一起努力，以後便互相勉勵、策勵，往往以前想要放棄的事會因超越了自己而渡過那段痛苦的時期。

當然以枯燥無味的教科書相伴，同樣以人作對手比，更能持續長久。

像這樣情形，事情有多棘手或提不起勁來，只有將自己的生活習慣定著化，便比較容易集中。

即使是厭惡之事，只要延長時間便可長時間集中

如先前所言，不能集中的最大原因之一，即是缺乏意欲。在心理學的分析上，可列舉些意欲的例子，如對陌生意識缺乏親切感及惡記憶的連想，以下要說明的是，缺乏親切感的原因，即在提不起意欲集中的情況下。

缺乏親切感主要是對那件事不習慣。例如，幼小時的環境「沒有味道就感到厭惡」因無接觸機會的情況下，當然某些事算是頭次的遭遇。通常，人都有好奇心，所以不習慣的成份應可消除。但有時事情並非如此簡單地可處理。

在我中學時代的友人中，其中有一人對英語怎麼學也學不好。一般在上了中學後，開始用功於英語，在好奇心的驅使下又感趣味，三年當中至少有一年會極為用功。

可是，此情形在他過了一個暑假後，便完全消失學習的意願。甚至看見英語單字都覺得心情沈重。英語的課程對他來說只會帶來痛苦。由於沒有專心聽老師講課，因此漸漸趕不上進度，並且開始蹺課。

如果已到此地步，他自己才會開始擔心，繼而去請教老師。老師說，最初一個月，打開課本，每天五分鐘，既沒看也沒寫的必要。第二個月，每天十分鐘，把英文教科書寫在筆記本上。第三個月，每天二十分鐘，讀英文教科書。

在那期間，想蹺課也行，但若想聽課就必須出來上課。老師的此種勸告，對他而言，真是寬容的際遇。

想不到，他竟然以此法敗部復活了。頭一個月的每天五分鐘——是相當苦痛的差事。依據他以前的情況，真令人難以置信。可是度過第一個月後，在第二個月的一週中，他欲用功的心情打從心底湧上。

而每天十分鐘在短短的二週內宣告「畢業」。很快的進入與其他同學用一天三十分或一小時的用功時間，結果使他的成績名列前矛。

現在讀者應該能了解他當時的情況，最初的一個月，每天五分鐘看英文課本，成為後來的飛躍大彈簧，亦即，只有五分鐘，在這超短的時間做不來才怪，而這安心感使心情愉快起來。

如果換成一天一小時，他若真的照做是可維持得更久，但「症狀」更加惡化。若是五分鐘，他則在不知不覺中想自己可做得來。

人們的集中心，不能持續很長久，真正的集中，一般人大約在二十～二十五分鐘左右。雖為如此，若忽然要你集中二十分鐘，就會感到累，但被要求集中五分鐘的話，不管他多「親切」也比較能簡單集中，以後應可養成集中力才對。

把「截止時間」用鬧鐘設定，並設法在鳴響前完稿

第一章的「截止效果」，對於平日養成集中力可加以利用，以期待效果的發生。

例如，假設為取得某資格，下班後於晚上八點整開始用功，並且預定一小時後結束。所以要用功時，須將鬧鐘設定為九點整。

這時應將鬧鐘放置在眼睛看不見的地方。在開始用功時，對時間總有概念，但不久後，接近結束時，心理總會嘀咕，眼睛看不見時間，有進退維谷的氣氛，而發揮了集中力、原動力，一口氣便可帶有九牛二虎之力。

倘若邊看時間邊用功，眼睛不斷地往鬧鐘望去，反而會有使心思散漫的可能。所以將鬧鐘藏起來，也可提高緊張感，而期待大的效果。

關於此事，不妨回想電視或電影中，以限時炸彈為主題的片子，便可容易想像，我們知

道在過三十分鐘後定時炸彈便會爆炸，只是不知它被藏在何處。

於是警方以必死的決心不斷地搜尋。時間一分一分的溜去，卻仍不見其踪影。影迷們的手已滲出汗且屏氣凝神的觀看，此時炸彈計時秒的效音多，所以緊張感不斷提高。只剩五分、三分、一分……。在最後一刻終於找到炸彈……。

如此這般，雖是常見的劇情，但眼見此類型的節目歷久不衰。可見人們的心理有與時間做格鬥的傾向，使緊張感提高，會發揮意想不到的結果。雖是一種遊戲，只要經常引進加以利用亦可提高集中力。

在就寢時宣告「我要幾點起床」練習準時起床

不管平日多麽愛賴床，遇到明天有考試，是如何也輾轉難眠，甚至比預定時間更早起床。

像這樣的失眠，或者比預定的時間早醒過來，皆是因心情比平日緊張所致，但與此事無關，我們每個人的腦中皆有個「生理時鐘」，所以每日早晨自然會自動清醒。

這生理時鐘非真的時鐘，它是只對時間感覺的東西，有些人不帶手錶，而總是知道離家幾分鐘了，或再過一小時就晚上七點了。這是因人而異的，有人銳利、有人遲鈍，如果是銳利之人，睡前會告訴自己：「好，從現在起我要睡三十分鐘。」過三十分鐘後便會準時醒過來。

普通人沒有具備如此精密的生理時鐘，頂多明天早晨大約七點鐘起床，前後一小時的誤差可感覺得到，且受到身心兩面相當的影響，很難說要何時起床便可準時清醒過來。

關於此點，可透過訓練，以期待正確。亦是說，每晚就寢時向大家宣布「明天我要何時起床」，且刻意不設鬧鈴。當然要向自己的心說：「絕對要在何時起床。」

這是一種對自己的暗示，但是因為已向他人宣布，而這壓力正可增加緊張度。雖然在開始時，難以達至目標，但離目標卻也不遠了。

這種向他人宣告的重要訓練，我稱之為「宣言效果」。如果是一人獨居，在前晚打電話告知友人亦有相同的效果。

隨著腦部的集中「精密化」，對工作的集中力便可提高。

第四章
趕走厭膩而熱衷其中
靠意識的轉換而養成集中力

《本章前言》

本來集中力較接近瞬發力，若想長時間持續是很困難的。

即使有工作的意欲，還是要完全排除散漫的因素，主要是因為過了時間，集中力難免會減退。問題是在不要讓集中力減退，如何能緊急剎車以最短的循環再度集中？

為此我們在工作流程中，常有取得休息或者轉換心情的時間。至於能不能長時間保有集中力，則須看當時情況而定。

在此必須了解心理學上所說的心的飽和機制。心的飽和即是厭膩，這是與疲勞相違的現象。有時身體已疲勞，不過卻不覺得厭膩。

又有時根本不感疲勞亦會覺得厭膩。有一實驗，叫做心飽和的實驗。那就是指派給被實驗者單調的工作。例如，使他們畫同樣大的圓圈，如此的週而復始，遲早會產生厭膩感，對於這樣的情形，許多人有共通的觀點。

首先在第一階段有完成課題的意願，也就是集中時期。此階段的工作效率和品質為最高。但因其為單純工作的返覆，所以工作的意願減退，開始產生厭膩，到第二階段便產生一種心情的轉換。

意圖緩和厭膩感，作法因人而異，但以畫圓工作一例，把向右畫圓改為向左畫，或者代之以散漫的態度，但也可以改畫快點，或者盡量畫漂亮些，以及訂立自己的目標。

此階段可說是靠自己的努力來克服厭膩，另一面不管如何，要繼續進行持續的工作。超過此界限，便可進入第三階段。當然此階段的厭膩之心會繼續擴大，焦急感提高，心情散漫。工作的品質下降，時常使工作中斷，或停下筆而胡思亂想，或站起身，伸伸懶腰，打哈欠，這些都為典型的厭膩症狀。

到此階段，想放棄工作的欲念，以及指派給自己須貫徹的課題兩相刺激，激烈相衝，引起自己的鬥爭心。不久，厭膩達到頂點，就會顧不了形象，而拋棄工作，如此便達到完全的心飽和狀態。

此時，只要提到一件重要之事，即使心已達飽和狀態，跟從前沒有任何不同的其他作業也能重新引起對方的意欲。這就是我認定厭膩與疲勞是不同物的原因之一。

一般又認為，派給他的新工作比起以前的工作，在觀點上不同或性質不同則更好。

機能的異質，意思就是心理功能方面所欠缺的類似性。例如，背英文單字的作業，以及從事俄語背誦單字的感覺之比較，不如改作使用數字的工作，在機能上的距離較遠。

為了能長時間維持集中力，本身必須如前面所言，隨著內容的休息或者心情的轉換而不同。

以下有具體的例子，即以散散心的啟示構想繼續說明，基本的飽和狀態要提到，克服心的飽和狀態的第二階段方法。

接著以身體的疲勞與集中力的關係為中心，提到對厭膩、不安的解除法。最後包含我在餘暇之時所建的集中力回復法。

1 靠緊張感的再生熱衷其中

假如對單調的工作大感厭膩，就刻意字寫漂亮以改變現況

我分析對某事發揮集中力的狀態，有以下三個要素：

①頭腦回轉得快。

②身體新陳代謝機能的活潑性。

③適度的緊張狀態。

在本章要列舉當我們對工作感到「厭膩」時，也就是心的飽和之維持、再生的三要素。

首先，說明試圖維持緊張感。

雖說散心因工作而異。但在心情轉換的大前提之下，就是不能引進完全不同的工作。簡單的說，看管平交道的人，不管如何總會厭膩而讀推理小說。又如自動化的工廠，檢查員哪有邊工作邊看電視的。

所以，首先，要推薦的是，改變眼前的單調目標，或者引進自己獨特的形式，以脫出「

厭膩」的方法。

例如，若從事於背五頁的英文單字的功課，到了快打瞌睡或者心焦時，從死背改為拼字的練習，那就是從「死背」改為「當前的寫背」。

可說是鐵路局職員在轉換轉轍器之際，或者所作的「指差稱呼」（指差確認）所採用的類似形式。

雖說工作單調，但開始之後不久應不覺得單調才對，可能有趣味、競爭意識、興奮等因素。不過，形式並不重要。

但是，若正陷入心的飽和狀態時，正需要表現新的「形式」，如此至少在短時間內可恢復當初的新鮮感，而再度集中。

同樣的事情亦適用，如寫信封抬頭那樣的工作，倘若感到厭膩就可刻意拋開一字一畫慎重的寫，或者考慮全體的平衡，分配字的大小。乍看之下，都是一起為這方面下點功夫即可，如此應可得到與持有新形式同樣的效果才對。

所謂緊張的維持，消除工作的心情轉換。仔細一想，必須經過以某種工作方式，使其陷入「逆境」，而經由克服逆境的手續。

像一邊說「通過平交道」「出發、進行」，而一邊用手指揮電車司機的「指差確認」，正是非常典型的例子。

造成「熱衷心」的十條件．8

心裡思考時可脫口說出或者邊走邊想。

例如，在某一程度不必要有完美的意識，或者刻意寫正式一點的手勢。所以眼見快厭膩時，就可派給自己某種責任。

但此時需小心，無論何種在眼前變化的形式，過不久便會成為「舊」的。我在交通安全週的演講中，排除「單調的方法(形式)，見慣不怪的，成了機械的動作時，就是最危險的時候。

例如，「一秒中的注意救了一生」的標語。在新標板時，固然吸引人們的緊張感，不過在思空見慣之後，變成了口頭禪。

所以為避免呆板化，到了某一階段就需創造新模式，眼前的厭膩就另外設想，適度而不必快，須步步為營，小心改變觀點，避免「思空見慣」。

集中到不能時，要不斷改變順序或意程

假定你現在的工作是看只有名字和地址的名單，在信封上寫收信人之姓名，再查其郵遞區號並謄上去，蓋「郵資已付」的章以替代郵票，以及分區的工作。

如果有一千封的信，而這千封信全部都要做前段所說的工作，到後來一定會感厭膩而半途而廢的。若全部做完且寄出，則花費許多時間，人也會感到疲勞、心焦、易怒。

遇此情形，必須改變工作的順序，在前面的工作中，無論如何必須先做的工作只有從名

册裡寫名字及住址而已。其他的工作則顛倒順序或一部份變更皆是無關緊要的。

在此返覆工作中，改變途中的順序，對於打破回復緊張感時特別有效。

「厭膩」的條件之一是「返覆做相同的工作」。但如果不是單調的工作則不感厭膩也未必盡然。

不管工作內容有多複雜，在進行工作當中，必形成模式，而引來厭膩。

換言之，就是熟悉「暢流」，不管有多「習慣」。假如工作本身沒有從固定的水準前進一步，則精神的緊張度會薄弱。

也就是說，無論單調或複雜的工作，除非加上變更順序之意程的刺激，否則遲早會厭膩。

當然，改變順序說不定會使一時的效率低落。可是透過順序或意程的改變，而產生的違和感，自然會引起新的心情緊張，而渴望緊張維持集中力。

改變地點就能使集中力重現

集中力低落的原因是心的飽和機制所致。簡單地說，也就是同一姿勢、同一文字、單調的雜音等，反覆綜合組成的「厭膩」。

所以自己若無法集中時，就要變化作業的順序，或者加入新的形式，以便克服難關，但不少因工作的種類不同而往往必須把同一作業繼續做到某一時段為止。

例如，你被指派看一本極厚的經營學書，對其內容須提出報告的工作。……雖然只是讀而已，也是很沈重的工作，遇此情形，不容許改變順序或是增加任何一種的形式。反正，必須從頭至尾看一遍，否則無從寫報告。當然，有從事長時間、同一場所、同一姿勢、同一狀況的作業，而且非看不行的意識為前提，在不知不覺中，「厭膩」亦會涉步而來。

遇此情形，正需改變心情，在讀書時，其作業內容不變，可是隨身體移動的姿勢會變。當然視點和四周的狀況也會相異。單靠此點就能充分轉換心情。

回想起當我們「邊睡邊讀書」時的情景，剛開始我們向右側臥下讀書，但由於「有一點厭膩」，所以改為向左側躺，過了許久「好像有點累」，也就全躺下來看……。如此這樣不斷地在無意識中變換某種姿勢。在變換當時，讀的書雖沒這麼好看，還是會集中。

另外還有從四周到起居間、陽台、飲茶店、公園，這樣的移動空間，單靠此點也可轉換氣氛，加以連整個狀況都能改變。改變心情，像光線、視線的角度、周圍的環境、音、讀的姿勢皆異。有了這樣的刺激才產生新的緊張感，而產生集中力。

我在演講後常被帶至場內的飯廳或者禮堂，時間大多在一天的工作終了。於是聽衆皆穿著工作服聚集在一起。

但是，我想在此情況下，能期望聽衆的集中度才怪，再說，講師感覺很難改造氣氛的話，可說公司白白損失此次的演講會。因此，若想讓聽衆集中精神聽話，就不能選同一工作地點，而改用社教館的會場較好。

因為移動場所才能消失一般的例行公事的映像。

一般會思索者，例如，文學家、哲學家、音樂家等，他們對工作的思索時間很多。喜好散步，不停的移動，可看成為了集中思索所做的場所移動。

即使改變工作的順序或形式，也可能連「我已經改變工作方法」的意識都沒有。但是，如果只是移動場所，這種簡單的方法，任何人都會感覺到「我的工作場所改變了」。這可說是恢復集中力最「事半功倍」的方法。

把服裝等身邊的東西改為與從前正相反的東西

西鄉隆盛丟下官職回國後，一直身著和服，據說連回到他的故鄉鹿兒島後，常常帶著他的愛犬去狩獵，也是身著和服。可是他卻被以桐野利秋和篠原國幹為首的私塾學生擁護出來發動西南戰爭。聽說他拿出長期以來壓置在行李箱底的陸軍大將的制服，並且穿上它。本是寡默無言的西鄉，透過穿上陸軍制服的「幹勁」，而無言的向部下將兵指揮，同時也鼓舞了自己。

常聽說「他的制服是最合身」，也就是說，他的人格是接近制服所代表的意義。若長時間穿著制服，他的性格、階層等，自然反映表現在生理上，在心理學上稱之為自我的延長。

這種自我的延長，透過穿的東西，亦可改變內涵（他本身）。例如，警察穿著制服時，顯得威儀正直，一旦著便服時立刻成了喜好遊戲的普通青年。

因為有很多人，似乎是無意識的懂得此點。所以做新鮮事時才會改變服裝。以衣著為例「昔日的江戶八旗，亦是著和服上班；要休息時就改穿浴衣（日本的便裝），一旦發生火災便改穿救火衣。如此按不同的目的而穿適合的衣著。

在工作厭膩時有自我延長的特性。在公司裡，在不得已的情況下，時而待在公司加班，時而帶回家作，往往有必要長時間的持續集中力。

如果每一天都一樣穿襯衫坐在辦公室裡，簡直會招來自己的「厭膩」，把白天的疲勞換過來，集中力難免斷斷續續，遇此狀況，就要乾脆改變服裝。

在必須熬夜連續一週～二週的預算編列時期，公家機關的官員們會將大量的衣服帶進辦公廳。

接近深夜時，他們改穿毛衣、休閒褲等較輕鬆的服裝而繼續工作。

從他們的體驗得知穿西裝、打領帶的「制服」，並不能使頭腦清醒、持續集中。

如此長期的工作時，為告一段落而使氣氛煥然一新，改變一下與目前不同的服裝也有效果。

假如不能維持集中時，中斷作業重估前提

雖改變當前的場所、服裝等都得下功夫，但若想重現緊張感的維持、重生，又往往事與願違，想集中該如何做？

依我所體驗的例子，假定我有一本書的稿債，稿張大約在三百張左右，期限為一個月。乍聽之下，非同小可，但我會作「心理的除算」。三百張換成一日也只不過十張罷了。想執筆進行時，還是會感到累，在中途時已感厭膩。

所以，我用堆在桌上又多又重的稿紙來刺激它。又算一算各章數稿紙的數量。我目前已寫了一百五十張，為了轉換心情，順手翻看原稿，檢查各章主題。

因為沒有一心二用所以到目前為止，稿子到底有何進度，連自己都忘了，再看預程表，實際上只寫了幾天左右。從十四日那天計算，發現每日寫出十一張之多。

這樣的「回顧作業」後，就要改前瞻性的觀察，包括以後的步驟、視點、未完成部份資料的檢查，要取得全體的平衡，結果發現後半比前半更有改變的必要。

這一來，進度可能落後若干……。如此一想便使我再度對工作產生緊張感，對下一張稿紙的靈感又湧現出來。

也就是說，若在進退兩難做不下去的情況下，便要先使工作中斷，停下看看。我們在爬山時，若一直看腳邊就會感覺山路無窮盡，真不是滋味。

在做冗長而繁瑣的工作時，常常也會出現同樣的心理，心想「到底要做多久才可做完」，想到此，根本看不出自己的工作目標，那一段黯然苦思且哈欠連連的時間，時而站起伸伸懶腰，時而想事情，至於集中力也會低落許多。

遇此情況，應用山路的知識最好。當你心想繼續往上爬，卻感到無趣時，不妨停下看看，回顧自己所踏過的路，並估計再過多久可爬上山頂。當能看到山頂時，自然就會鼓舞自己再過不了多久就可以到達山頂了，如此再休息一下，便可湧出新的精神，這就是登山的知識。

在爬山的過程中，全然看不到山頂。可是在工作時卻無此現象。只要扣去到目前為止的達成量，自然可得知終點，再確認些，便可靠此點得知是否中斷作業的價值。

你若不停的被目前的工作奪去心思，就會變得呆板而不自知。愈是想集中，愈是無法在時間內集中。

此時自然認為「我哪有時間停下來……，這樣恐怕會中斷」，遇此情形，更應該馬上停止，使頭腦冷靜，不只是休息而已，還須再做檢討工作，才能重現出新的緊張感來。

2　靠回復平衡來熱衷其中

頭部的疲勞其實比身體的疲勞更多

常有人說：「頭腦的疲勞使我無法集中」，但是這是一種錯覺。一般感到「腦部的疲勞」是因為陷於完全飽和的狀態，心理的感覺成分多。這種情況的疲勞感，只要加入新的工作，便立刻可消除。

實際上，人們的頭腦很難疲勞。以年輕女性為例，若讓她們盡快以四位數乘四位數的實驗中，發現他們可不休息地做十二個小時。計算的無誤差，正確性超過十二小時。效率的低落，是因為肉體的疲勞與空腹所致。

所以感到疲累，集中力亦消失時，是頭腦和身體失去協調所致。首先我們得意識到疲勞的是身體而不是頭腦，單純的疲勞感是筋肉的疲勞。

認為工作的效率低落時，只要做做暖身運動，即可略微疲勞前的思想，另外再做返復的深呼吸，既可消除疲勞，同時也可轉換心情。

依據寺澤嚴男的實驗，在消除疲勞的衆多方法中，如默讀、逍遙、談話、安靜、側臥等，相比之下，側臥有壓倒性的效果。

一般的說法，我們知道工作的效率在五十分～六十分鐘後會低下。也就是說，若辦公室裡有沙發椅，在工作一小時之後，花五分鐘的時間側睡一會兒，對消除疲勞有很大的效果。

在各界前線活躍之人，追溯其學生時代，熱衷運動的人出乎意料的多。也就是說文武雙全。這些人有個共通點，在因體力耗盡而致集中力消失時，不會勉強自己，且懂得消除疲勞的要點。一方面，喜歡從事課外活動，另一方面，在學業上也不會輸給其他的學生，這樣的學生都養成了在晚飯後便立刻就寢，翌日再早起用功的習慣。

沒有一條捷徑比側睡更能消除疲勞的。

睡要睡得舒服才好，但若是肉體的疲勞與精神緊張雙雙作祟時，就無法入睡。

入浴可使身體休息，同時可使神經放鬆點，亦是消除疲勞的一種方法。

空腹刺激腦部，而阻礙睡眠。不管如何，若睡眠時數固定，則在起床後的集中力應超強才對。

「吃飽」，吃喜好的食物亦為一法

空腹就無力打戰，相反，太飽才不會喧嘩打架。此兩種說法，代表著真理。若動物睡眠時間不足，會引起心焦氣急。就人的情況而言，若每日均有規則的飲食，那麼空腹感引來的心焦會更強烈。

空腹感會通過腦幹網樣體，傳達於大腦。但是因為通過集中神經的腦幹網樣體，會使神經細胞興奮，導致精神呈緊張狀態。如此一來，哪能安心睡覺，因神經過敏易引起不安感，不是能集中的狀態。

又如我們不難了解，由於不安感的有增無減，而使心焦氣急，所以連一些芝麻小事都會生氣。換言之，「提高對刺激反應的喚起水準，或提高覺醒水準的狀態」。

用以上的例子作其說明。若一人空腹，在加班之前，根本毫不在意，但到最後連呼吸聲、冷氣聲都感刺耳。說來奇怪，白天當做耳邊風的上司訓話又浮現腦際。如此一來，又豈能工作，即使文件再多看幾遍也無法產生集中力。這一切皆因空腹所致。

遇此情形，除吃喜好的食物以外，無法回復集中力。等你慢慢用食後，自然產出集中氣氛，空腹感的滿足及神經的提高，在消除同時也會湧上「我已經吃過可再工作一會」的意念，可見吃也可扮演一種暗示自己的角色。

下意識使身體激動就能解脫出心焦之感

睡眠或用餐都是轉換心情的方法。但除此之外亦有在辦公室四周實行集中力的回復法。

在職棒的比賽中，常見選手在途中大聲喊叫，或者晃動身體。同樣的原理，之前說過的集中力，由於頭腦回轉的快，身體新陳代謝機能的活潑性，適度的緊張狀態等三要素，才會產生集中力。

若三者缺一，集中力便會減退，其中又以身體新陳代謝機能的活潑性最多。當我們感覺頭腦清楚，可是工作的效率久久無法提升時，此現象相當於肉體的緊張，會使疲勞崩潰，形成不安，引來心焦，當然集中力低落，上班族辦公室的氣氛亦陷入此狀態。

面對上司做工作說明時，誰都會緊張，誰都有可能犯致命的錯誤。與職棒的選手相同，因繼續犯同一錯誤，造成過度的緊張使頭腦與身體失去平衡，而無法集中精神。

誰都一樣，若心無負擔，腳便輕，自然地吹起口哨來。相反，心憂鬱或不安，腳步便沈重甚至駝背。

另外心情緊張，或心焦氣急嚴重時，會全身僵硬。有逆用外側的現象。工作「厭膩」，心焦氣急時，靠外側的身體移動，可使心的狀態改變。

上司有事要對你說明，要你在會議室的廊下等候，此時下意識地步伐快，挺胸入室，或不坐電梯，利用爬樓梯使緊張感消失，在上司面前就能集中。

看似簡單，但道理相同，對工作的厭膩感要在當場解決，試做激烈的運動看看。

運動選手在緊張時，一會大聲喊叫，一會運動身體，目的皆是把高昂心理的能量（緊張、焦急）和肉體的轉化放出體外，可應用同樣的原理。

如將緊張放置不管，則會愈來愈強，在辦公室裡對工作感到厭煩，就要找一個適合點切斷。

緊張可當場解除最好，若辦不到，眼見它持續下去，不如在附近找一個沙發小睡一下，反正先解放身體的緊張，就精神分析的觀點而言，讓患者側睡，就是靠身體的安祥使他改變的。

手接近小物品，便可消除焦急，回復集中力

從小學至大學，教師這個職業，都是必須在大庭廣衆之前演說，可是身為教師，在婚禮上卻變得僵硬，說話口齒並不清晰。

我參加友人的結婚禮時，看見同僚的教師，醜態盡出，所以不免有些懷疑，便問了理由，結果他回答：「當時司儀把麥克風交給我時，我只知像在學校的黑板上般直立不動，邊寫邊說，不管犯多大的錯誤，都能鎮定下來。」

我覺得他的話有理，前巨人隊的教練川上哲治，遇到危機時，雙腿就會抖動。又聽說，圍棋高手趙治勳拚命在注視棋盤時，會將火柴一根一根的折斷。

有次我看到自己的演出，心想奇怪，在終了時，我邊說話，邊玩原子筆的動作，我並不

記得了。後來才了解當時導演告訴我「剩下幾秒」的指示時，心裡想無論如何也得做個結論才行。

那時腦部回轉的極度快，說話的速度跟不上腦子的轉動，且集中力正在減弱，因此那種浮躁的心情就表現在手上。

也就是藉著手部的活動，讓自己保持頭腦與身體的平衡，先前那位老師如果直立不動的話，可能會出更大的紕漏。

集中精神異常的緊張時，想移動身體，可說是想靠使神經走出身體的末端，來緩和緊張。回復本能的智慧，而使意識活用的現象，如此可大幅降低厭膩。

當我們發揮集中力，使頭腦活性化，機能活潑化，是一種「躁狀態」。

遇此情況，自然伴隨著運動，以極端的例子來說，躁病的患者，發出大聲的叫音，使房間有如一場暴動。

雖無此極端的原因，但若是開會時間過長，集中力心焦氣急時，就會玩弄手邊的小物品。

下意識身體的移動就能回復集中力，再度發揮集中力的體勢。

3 不安、焦急「挪置」而熱衷其中

假如悶悶不樂，對工作不起勁之時，不妨積極地接受更多的工作

前些日子，有位大企業的幹部，找我商談，從談話中得知，他最近對工作提不勁，且也沒有充實感，覺得自己的精神狀態好像那裡出了毛病，才來找我「商談」。於是我詢問他目前的工作性質、情形。

他簡單回了一句，因為工作太輕鬆了。由於他的幹部皆為他設想周到，所以他本身只要找關鍵人物個來二、三次總討論，便可感到……，這就是他的「工作」。

我笑他說：「你現在的工作態度與年輕時差太多了。」結果他好像有所發現的說：「如今回想年輕時的幹勁，根本沒有時間可像現在這麼悶悶不樂……」所以，我想表達的就是，你要回想年輕時代，就試著增加一些工作做看看，比特效藥還有效。

猛幹特幹是屬於一種急躁狀態。相反地，悶悶不樂地沈思是屬於悲觀的躁鬱的狀態。躁鬱有兩種情形，那就是病狀與個性。而我就屬於個性上的躁鬱。

所以，就眼前所呈現的狀態，當手邊仍然有做不完的工作，如何使自己從悶悶不樂改變急躁的狀況。

結果根本沒有時間去煩惱。一開始時即使意識裡還悶悶不樂，但因為得去面對約束、義務及社會的責任，因此進入了急躁的狀態。

在工作時，去除掉不安、煩人等讓集中力分散的心理因素，也就是暫時「擱置一邊」的方法，極有效果。

亦即讓自己負荷比想像還要多的工作量。聽說在戰爭時精神官能症的人會痊癒，那是因為為了保護糧食、家族和自己的安全，在這種緊張時刻必須分工合作，堅守自己的崗位，而沒有時間去擔心自己的煩惱。

這種「原理」可應用在悶悶不樂時的狀況。

如果介意自己的缺點而心急時，不妨豁出去好了

在工作時因為感到自己的字難看，或者自己的能力不足導致工作失敗而覺得不安，當然會使集中力消失，結果使自己更介意自己的缺點。

往往尚未產生實際的不安或恐懼時，卻實現了預期的恐怖狀態。心裡隨時恐懼著：「怎麼辦……這不得了」。於是迴避那樣的情況而心焦氣急，使不安與痛苦倍增。此程度若太激

造成「熱衷心」的十條件.9

集中力低落時，激動身體看看。

烈則會患強迫神經症。

雖然不至於嚴重到此地步，「若字寫得難看可能有人會說話」、「笨手笨腳只怕來不及」、「會不會以前所做的都失敗」，如此被不安襲擊。如果能熱衷工作就無問題，但愈是不喜歡做的工作或者痛苦難以著手的工作，愈會疑心暗鬼。

如此一來，自己的缺點比實際上多得多，於是不安之心提高，而開始惡性循環。那種傾向，愈是中規中矩的人傾向愈強。相反地，悠閒性格的人情況就改觀了。「總有水道渠成之日」面對工作全力以赴，便能實際解決問題。

佛家曰：「欲以一波消一波，千波萬漂交交集。」其意味是「以焦急對抗焦急會產生更大的焦急感，所以你不必焦急，悠閒點即可」。

簡言之，是使心整個豁出去。這種情況的豁出去，不是對他人而是對自己。工作受挫，心理焦急，對自己的效率無信心，感到心煩時，無論是何缺點皆「豁出去」。

在戰前的某一時期，知識份子之間流行一句俄語「明日又天涯」（NI CHE BO）。假如工作不順或受挫時，嘴裡便喃喃自語，心情則不可思議的放晴。

說極端些，脫口說出那些話，就可變得悠閒而有寬闊的心胸，對眼前的事根本不在意……，雖有些誇張，但是比起天地自然的悠久無限，自己便顯得渺小了，何必為這些瑣事而自尋煩惱，心中的石頭落不下來呢！

到了無法集中時何事皆做不成

對於本身的豁出去，說不定是「知易行難」。雖說如此還是感到不安，怎麼揮也揮不去，依舊無法集中，乾脆完全的休養。

很多人知道有種心理治療法叫做森田療法。

森田療法把治療的第一期稱絕對臥褥期，患者只要沈睡即可。看書、抽煙、看電視、聽廣播、散步等皆不可，連續好幾日。你認為何事最痛苦，一個人凡事皆不能做最為痛苦。患者毫無例外焦急起來，除了睡覺以外的行為皆不能做，這樣快瘋了。

森田療法有技巧的使用緊迫神經症患者的煩悶。第二期的治療法（掃除落葉的作業），靠無所事事來等待「幹勁」油然而升的心理，站在心理學的立場，也非常合理。

倘若使用這不痛不癢的方法也無法集中時，乾脆停止工作，說不定是個強烈的逆轉治療法。

但是，不必拿「無所事事」森田治療法的例子作見證，正確的觀念是凡事皆不做談何容易。首先，不能左思右想，念頭不離工作，即使散心或其他的工作也不行。聽廣播不可，散步不可，重複的工作不可，做體操或伸懶腰、抽煙、喝茶皆禁止，倘若能維持十分鐘就不容易了，不過大部分的人都會豎起白旗投降。

自己能熱衷集中的人當然很多，感到想離開慾望，或想離去做其他的事的人也有，只想「反正中斷稍做休息」而已。不過皆有其目的，算是共通點。

可是這裡所說的「無所事事」既不是目的亦不是結果，凡事皆不做，仔細思考此種狀態，通常是不可能發生的心理狀態。

造成如此的意識狀態——森田治療法的患者亦相同，想做某事就放手去做。那時的情形「什麼？」連痛苦的事也通通包括在內，可說是被趕入進退維谷時才感覺到只要能做即可的反動。如此完整的保養才能做產生下一次工作集中力的準備。

受到衝擊導致集中力混亂時，宜將集中力放在完全不同之事上

被譽為魔術師的某職棒教練，眼見投手被擊出全壘打而受挫時，便若無其事的走向投手板說：「你今晚想吃什麼菜？」「最近打麻將的成績如何？」提一些與全壘打無關之事。結果投手當然回答：「什麼？」那般地面露驚訝，在一瞬間，他已遠離那失敗的衝擊。

愈是被說成老千的人，愈是在緊要關頭可有技巧的操作自己的意識，心想「糟了！」的一瞬間，已經完全在想其他的事了。

當然撲克臉的訓練是不用說的。在生理學上說的是透過思考其他事，將大腦的神經細胞之興奮，改為其他的興奮（集中）設置。使目前的靜態興奮，漸漸淡化衝擊而能回來集中工

作。

我們何不在受衝擊時學撲克臉，接近集中狀態的催眠。催眠狀態下，人的意識範圍狹窄，在催眠狀態中一個人只能聽見催眠者的聲音，集中狀態愈深，人的意識之幅度愈窄，而愈易受「催眠者」的支配。

有時工作在推進時，突然的受到衝擊，時而回想某事，時而發現事態的真相。強烈的衝擊必定在有意識裡，與當時所做的工作意識連絡在一起。

所以要再度工作而被中斷時，由於目前的對象（工作）與衝擊結合在一起，所以很難達到集中狀態。同時受衝擊的人之神經細胞異常興奮，使視野狹窄，陷入極度的緊張狀態，而產生「怎麼辦？」的憂慮。所以只想「反正非回到工作崗位不可」。於是將自己更陷入自己所設下的狹窄意識裡。

遇此情況，應將狹窄意識擱置一邊，暫且不要去理會它，將眼前的對象改為其他事後，可使意識更能集中而不散漫。

4　靠餘暇的效用而熱衷其中

一件工作終了要盡量努力忘了它

本章說了很多「熱衷其中」的集中術，最後再探求時間性氣氛轉換的方法。

昔日巨人隊的長島選手，在出戰時被金田投手四次打擊，四次三振，但是金田選手從對方被三振時的姿態感到「初生之犢，後生可畏」。

長島在四次打擊時皆是盡情發揮而被三振。如換了普通的打擊者至少從第三次打擊時，會將長打改為短打，以避免被三振，但金田認為，長島面不改色，跟從未被三振的打者一樣，再接再勵的打。

也就是說，長島已忘了上一次被三振的事，在每次上打擊區時，都以初次上場的心情揮棒進攻。他的集中力從「忘記」中產生。同樣的在學生或者上班族中皆可看得出來。

新日本製鐵廠的廠長武田豐在「以成熟的頭腦生活」為題的書上寫著。

「連在公司都有『常在戰場』的心態。課長和部長依序報告。我得拋下雜念對任何人的報告集中意識地聽。」一件工作終了，另一件工作開始時，若腦的思維切換不來，則無法集中。

這裡強調「忘記」的功效。只要按自己的方法，切身學會此法即可。

也許有人自暴自棄，認為「自己的工作並不怎麼高級，整日被迫做單調的工作。」可是，只要有心，方法應多的是。

其中有一個暗示，即在中午的休息時。同僚一起至咖啡館吃午餐，這時大家都在背裡說上司的壞話，但如此只會延長工作。因為到了下午一點時回到辦公室，也不能產生新的緊張感，等於是自動進入了「心的飽和」狀態。

為了在短暫的時間忘記工作，自己埋首於想忘之事。會下棋的人則在吃午餐時，找對手熱戰於其中，或者喜好賽馬者，午休時手拿賽馬新聞，閱讀即可。

據說演員高島忠夫，一日當中必須做數件工作，所以只要稍微找到空檔就進去電影院。像這樣的作法是比較合理的氣氛轉換方法。認為在午後辦公感到時間長的上班族，只要想轉換氣氛時，可實行「心的飽和」方式。不管做同一工作有多單調，依然可維持下去，且必定有「高潮」。

每當在上山時全力集中，下山後便會忘記。

在集中度高的工作後要做相反的事而徹底的放鬆

在頭腦極度集中之後，會產生所謂的「休止狀態」，心理熱能的釋放皆停止，如此須再補給新的熱能，方法則因人而異。

有次與已故作家新田次郎一同旅行時聽他說過，他每到了精神集中極度興奮時就只睡二、三小時罷了。據他說，此時會產生「疾筆如飛」的狀態。此狀態維持了二、三週，他身體便會倒下去。從那以後的二週左右，每日迷糊度過。睡了又醒，吃完飯偶而出去散步。這段期間就是新田次郎的「休息期」，正在補充腦部的能量，過了二週之後又產生了猛烈的幹勁。

這也是一種回復的方法，但也有正相反的方法。

二十世紀偉大的哲學家維多塔斯於劍橋大學講學時，絞盡熱能之後便會跑至電影街看便宜的電影。他不介意是否由無名演員主演，他說愈是下三濫的劇情，愈是對智力的回復管用。哲學與便宜電影的組合，看似有奇異之感，其實在心理學上是極為合理的。如果換了有名的導演所拍的影片就無法回復腦力。

也就是說要回復腦力，最好做些令人力疲為止的工作，使此時的工作完全相反。工作至疲勞想集中已不可能的地步，把熱能徹底發揮在毫無意義的事也是一種方法，頭腦的功能是一種振子現象。倘若把正在遊戲的振幅擴大。相對的能引出下次工作的熱能反彈。

既然如此，連遊戲都可能在半途要做徹底相反的事，如此有技巧的使用餘暇時間，才能克服「厭膩」，產生新的集中力。

5 訓練感覺而熱衷其中

下意識使精神集中在五感官的一個感覺

透過五感能不斷的刺激，但我們心意集中在某一感覺上時，其他的感覺極易妨礙而失去心的安定。例如，眼看文字時，突然耳朵聽到異音，好不容易集中的心緒被此給弄亂了。

當我們靜靜聆聽音樂時，烤麵包的香味飄盪而來，不久便會聞一聞。這個經驗是極為平常之事。也就是說為了高揚我的集中力，當特定的感覺意識集中時，最好將其他的感覺放置在一種靜止的狀態。

例如，拚命看電視的小孩，大都會遺忘了其他事。那些五官的感覺與聽覺發揮了最大限的功能集中於畫面。至於其他的感覺則一時封閉起來。

只要能夠使感覺中的一個至二個徹底的緊張起來，而壓倒其他的感覺，則集中力的增加指日可待。

失明的人由於失去視覺，所以其他的感覺便變得非常敏感，因為他的集中度比一般人強許多。海倫•凱勒僅剩的感覺只有觸覺與嗅覺、味覺等三覺，但據說又聾又瞎的海倫，在日常生活中能夠採取與一般人沒多大差別的行動，那是因為她把那三個感覺器官發揮了最大限度的集中力。

當我們聆聽時，會無意識的閉上眼睛，傾耳聆聽。那是將全部的神經集中在聽覺，像這樣把感覺器官一時呈靜止狀態，其他的器官發揮了數倍的能力，我們可以靠下意識來訓練此點。

例如，在工作之前暫時的閉目養神，使聽覺緊張。結果平常毫不在意聽到的說話聲、雜音，以不同的新鮮感傳來，耳朵便不知不覺的豎起。

用手摸摸桌子或者將抽屜打開，自問自答，這是鉛筆、訂書機，或者問自己這件文件到底是什麼？不久心意集中於手指間，同時這種勉強的狀態，會增加視覺對所拿到東西的關心，等到忍不住時才開眼，此時自己的神經已經在這絞狹範圍內集中起來，因此我們可利用類似的方法，某一種器官的需求達到極點，這樣的訓練也可以使精神集中。

在每日固定的時間以目注視身邊細小物品

提到貝布•如斯是傳說中大聯盟的全壘打王，他的名聲極響，背後有很多的英雄事跡傳出。為了提高集中力在打擊區的訓練法使人們倍感興趣。

在他的全勝時期，據說在揮棒前可看透投手投球的縫線，為何普通人看不見的而他能看見？主要是看縫線可提高集中力。他的採取集中力養成法如下。

貝布•如斯每日在唱機上，習慣放唱片時以目注視唱片，養成注意唱片回轉的集中力。日子久了，開始感到唱片回轉度變慢。

如此到了有一日，終於能夠清楚的讀出位於中央的曲目，最後連唱片上的印刷文字皆可讀出。

這種我們能比較簡單的引起日常生活集中力的訓練法稱作「凝視法」，也可說是自己催眠的應用方法，在開始工作之前，首先在短暫時間中凝視於一點。

要有壓倒目前工作的魄力。專心凝視於一點——，或者從凝視姿勢作起，漸使意識瞄準到集中的狹窄範圍，就可使精神統一而昇華。也就是說把視野限定在極度狹窄的部分，而提高心的熱能，增加集中力。

位於美國的一家記憶訓練學校所施行的集中力養成法，就是應用此效果而來的。

首先從身邊的小物品中，如鋼筆、橡皮擦等，選一樣用來注視。直到厭膩為止，然後閉起眼在腦中浮出剛才所看的物品。

那時只不過是外形再現罷了，如鋼筆的顏色、長度、裝飾、模樣，實際使用的樣子能在腦中一一浮現——。做完鋼筆的實驗後，接著選其他的東西，如橡皮擦做同樣的事，如此這般的訓練，據說每日利用短時間的訓練，只要派給自己這般的任務，集中力便可提高。

剛開始很難持續八秒以上，但只要再訓練，就可能達三、四分鐘以上。例如，在通勤電車上，利用他人所持之物進行訓練亦可，反正每日拿不同之物繼續訓練即可。

訓練自己反覆的數任意的數目

很久以前比利·懷特導演所拍攝的『情婦』，是部觀察推理影片，我一向為了職業的關係，很欣賞能技巧地使用小道具，對登場人物的心理描寫、職業掌握等，抱著興味，尤其是『情婦』滿足了我的期待。

在上映期間，一半以上的場景是在法庭，由演員查理·勞斯頓演出被告的律師。其中一景就是他受託為被告辯護，在無勝算中當了被告的辯護人。

當時的律師患有心臟病，所以在他周圍有整排防止發作的藥錠並且逐漸減少。如此的情景隨時間經過而逐漸明顯，依我之見是導演在控著藥錠的。

律師一面訊問證人，一面注意著目前的藥量。這是對他不利的裁判，他拚命的絞盡腦汁，想有效地在極度需要集中力時，為使精神集中而留下幾顆藥錠。

他為何做此工作，或許有人百思不解，或許聽來簡單。心理學所謂集中力提高時，反覆數數字是有效的方法。

實際上，這件事是誰都知道的。例如，自己設定一～十六或二～二十三，如此任意的數目，反覆數即可。我們會發現到特定的數目時要立刻停止特別地困難，若心有其他想法，就會不小心繞過設定的數字。

為了要在時間內正確地完成工作，不得不使自己的注意力集中，相反的說，能有規律的反覆數目字，也算是提高集中力的訓練。那麽，利用數字來養成集中力的方法要如何做呢？

我們每日就寢時規定最初的五分鐘內，數特定的數目。等到能在規定內毫無失敗的做完，則下一次延長十分鐘，甚至二十分鐘。為了避免對數字的熟悉，開始要選擇三或四這種不易記起來的數字比較理想。且如果每天更換這種難記的字的話，在不知不覺中就可以培養集中力。但是利用數字來提高集中的訓練不論遭遇到什麽挫折，也要像律師苦思一場官司一樣，先使自己冷靜下來。

在短時間內養成速讀、暗記、連想等習慣

我們身處於「怯場」的狀況，無意識地常在嘴裡自言自語，以試探精神的集中。

據說某一個障礙賽選手，在決賽之前，一面做柔軟體操，一面唱著「演歌」，等到比賽終了，記者團採訪時間，她怎麽了？她在不知不覺中完成了提高集中力，也是因為他在無意識中地吹口哨。

在緊張狀態中，無意識所做的賭咒行為，在違反下意識的情況下做，更有提高集中力的可能。稱為記憶利用大腦的功能。

據說播音員德光和夫，平常製作電視節目時，常須對外國人名、組名、片名、主題曲、歷史上的人物名做說明。利用這些項目盡量去連想回答，即可訓練集中力的提高。

我在芝麻出版社，出版參考書，所以收到許多來信，其中亦有如願地考上學校，寄來經驗談以做為他人的參考資料。

在那些信件中有我最近的感想，他把棘手的科目靠「每日速記外國影片的對話和對螢幕的注視而克服」。

例如，考生在短時間內速讀時，其注目的姿勢，本身可顯現出對畫面的集中力。

又因為在限定的時間內速讀英文，所以呈現出精神緊張，更能發揮集中力的狀態，持續坐在桌上，當然用功的效果會更上一層。

像這些下意識中速讀、暗記、聯想，在有限時間內速記的一連串作業，會養成高度集中力，效果極大，因為任何工作不可能無時間的限制。

不但如此，被要求在限定的時間內，會增加速度而有效率去做，判斷力、集中力可說瞬間養成，工作必可按時完成。

無論是速讀、暗記、聯想等都是提高集中力速度有效的訓練法，只要以此法鍛鍊日常的

造成「熱衷心」的十條件.10

受到衝擊以致集中力散了，可試試熱衷在完全不同的工作。

集中力，任何急的工作都能處理。

另外，呈現那種緊張狀態時，下意識地做平日訓練法，更能提高集中力。

養成靠肉體控制心理的習慣

我們常說感情的起伏可以從臉中看出，例如，常聽人說「那個人是撲克臉」等的訊息。撲克臉這句話本來是指玩紙牌遊戲時，為了不讓對手猜出自己手中的牌，必須扼殺感情，表現出不露聲色的表情。那可說是一種心理遊戲。如果感情被對手讀出必無勝利可言。

雖然也不能說「眉目傳情甚過於語言」，但人們內心的喜怒哀樂會反映成為肉體的變化、表面化。

比如說，在放榜時發現自己考上的考生是一種典型。不少人在瞬間看到名字便歡喜的離開放榜場所，手舞足蹈得不知所措。

可是相反地，名落孫山的人，會出現表情暗淡、沈痛，甚至即刻哭出來。有人抱頭悲嘆，連步姿皆成了彎腰駝背。有如腳扣上腳鐐，或者抱著身體蹣跚的離去。

像這樣，不管是喜是悲，那感受愈大，肉體愈敏感，造成內心的反應。我們能不能反過來結合這緊密的身體，而有意識地提高集中力。

例如，在工作當中，遇到生氣之事，誰都會戰慄，此時，易忘我也易缺乏對事物的判斷力。當集中力散漫時，做重要的工作常容易造成失敗，這時若想要平息怒氣，可以把兩邊的膝蓋交錯按挪，就會不可思議地攝住怒氣。

只要應用原理，養成相反的身體運動，控制心理的習慣，就可在任何時間內不被感情所左右，而可處理問題，使重回集中力。

為了切身學習控制身體運動的感情的一連串方法，平日的基礎訓練不可缺，如果只是想著「遇到這樣的時刻我就如此這般」而已，一旦有事「引起」，只怕不能行動。所以必須事先準備，身體好好體會規則才行。

例如，感情激動實屬平常，可以刻意以吸煙來舒緩，或在悲傷時大聲歌唱。

另外，下棋高手遇到對手，失手下了壞棋時，他就一聲「失陪」，原因可能是怕自己幸災樂禍，連自己都犯了同樣的危險，如此事先規定肉體的行動模式也是一種手法。

大展出版社有限公司	圖書目錄

地址：台北市北投區11204
致遠一路二段12巷1號
郵撥： 0166955～1
電話：(02) 8236031
8236033
傳眞：(02) 8272069

•法律專欄連載•電腦編號 58

台大法學院 法律學系／策劃
法律服務社／編著

①別讓您的權利睡著了[1]		200元
②別讓您的權利睡著了[2]		200元

•秘傳占卜系列•電腦編號 14

①手相術	淺野八郎著	150元
②人相術	淺野八郎著	150元
③西洋占星術	淺野八郎著	150元
④中國神奇占卜	淺野八郎著	150元
⑤夢判斷	淺野八郎著	150元
⑥前世、來世占卜	淺野八郎著	150元
⑦法國式血型學	淺野八郎著	150元
⑧靈感、符咒學	淺野八郎著	150元

•趣味心理講座•電腦編號 15

①性格測驗1	探索男與女	淺野八郎著	140元
②性格測驗2	透視人心奧秘	淺野八郎著	140元
③性格測驗3	發現陌生的自己	淺野八郎著	140元
④性格測驗4	發現你的真面目	淺野八郎著	140元
⑤性格測驗5	讓你們吃驚	淺野八郎著	140元
⑥性格測驗6	洞穿心理盲點	淺野八郎著	140元
⑦性格測驗7	探索對方心理	淺野八郎著	140元
⑧性格測驗8	由吃認識自己	淺野八郎著	140元
⑨性格測驗9	戀愛知多少	淺野八郎著	140元
⑩性格測驗10	由裝扮瞭解人心	淺野八郎著	140元
⑪性格測驗11	敲開內心玄機	淺野八郎著	140元
⑫性格測驗12	透視你的未來	淺野八郎著	140元
⑬血型與你的一生		淺野八郎著	140元

⑭趣味推理遊戲	淺野八郎著	140元

・婦 幼 天 地・電腦編號 16

①八萬人減肥成果	黃靜香譯	150元
②三分鐘減肥體操	楊鴻儒譯	130元
③窈窕淑女美髮秘訣	柯素娥譯	130元
④使妳更迷人	成　玉譯	130元
⑤女性的更年期	官舒妍編譯	130元
⑥胎內育兒法	李玉瓊編譯	120元
⑦早產兒袋鼠式護理	唐岱蘭譯	200元
⑧初次懷孕與生產	婦幼天地編譯組	180元
⑨初次育兒12個月	婦幼天地編譯組	180元
⑩斷乳食與幼兒食	婦幼天地編譯組	180元
⑪培養幼兒能力與性向	婦幼天地編譯組	180元
⑫培養幼兒創造力的玩具與遊戲	婦幼天地編譯組	180元
⑬幼兒的症狀與疾病	婦幼天地編譯組	180元
⑭腿部苗條健美法	婦幼天地編譯組	150元
⑮女性腰痛別忽視	婦幼天地編譯組	150元
⑯舒展身心體操術	李玉瓊編譯	130元
⑰三分鐘臉部體操	趙薇妮著	120元
⑱生動的笑容表情術	趙薇妮著	120元
⑲心曠神怡減肥法	川津祐介著	130元
⑳內衣使妳更美麗	陳玄茹譯	130元
㉑瑜伽美姿美容	黃靜香編著	150元
㉒高雅女性裝扮學	陳珮玲譯	180元
㉓蠶糞肌膚美顏法	坂梨秀子著	160元
㉔認識妳的身體	李玉瓊譯	160元

・青 春 天 地・電腦編號 17

①A血型與星座	柯素娥編譯	120元
②B血型與星座	柯素娥編譯	120元
③O血型與星座	柯素娥編譯	120元
④AB血型與星座	柯素娥編譯	120元
⑤青春期性教室	呂貴嵐編譯	130元
⑥事半功倍讀書法	王毅希編譯	130元
⑦難解數學破題	宋釗宜編譯	130元
⑧速算解題技巧	宋釗宜編譯	130元
⑨小論文寫作秘訣	林顯茂編譯	120元
⑩視力恢復！超速讀術	江錦雲譯	130元

⑪中學生野外遊戲	熊谷康編著	120元
⑫恐怖極短篇	柯素娥編譯	130元
⑬恐怖夜話	小毛驢編譯	130元
⑭恐怖幽默短篇	小毛驢編譯	120元
⑮黑色幽默短篇	小毛驢編譯	120元
⑯靈異怪談	小毛驢編譯	130元
⑰錯覺遊戲	小毛驢編譯	130元
⑱整人遊戲	小毛驢編譯	120元
⑲有趣的超常識	柯素娥編譯	130元
⑳哦！原來如此	林慶旺編譯	130元
㉑趣味競賽100種	劉名揚編譯	120元
㉒數學謎題入門	宋釗宜編譯	150元
㉓數學謎題解析	宋釗宜編譯	150元
㉔透視男女心理	林慶旺編譯	120元
㉕少女情懷的自白	李桂蘭編譯	120元
㉖由兄弟姊妹看命運	李玉瓊編譯	130元
㉗趣味的科學魔術	林慶旺編譯	150元
㉘趣味的心理實驗室	李燕玲編譯	150元
㉙愛與性心理測驗	小毛驢編譯	130元
㉚刑案推理解謎	小毛驢編譯	130元
㉛偵探常識推理	小毛驢編譯	130元
㉜偵探常識解謎	小毛驢編譯	130元
㉝偵探推理遊戲	小毛驢編譯	130元
㉞趣味的超魔術	廖玉山編著	150元
㉟趣味的珍奇發明	柯素娥編著	150元

・健 康 天 地・電腦編號 18

①壓力的預防與治療	柯素娥編譯	130元
②超科學氣的魔力	柯素娥編譯	130元
③尿療法治病的神奇	中尾良一著	130元
④鐵證如山的尿療法奇蹟	廖玉山譯	120元
⑤一日斷食健康法	葉慈容編譯	120元
⑥胃部強健法	陳炳崑譯	120元
⑦癌症早期檢查法	廖松濤譯	130元
⑧老人痴呆症防止法	柯素娥編譯	130元
⑨松葉汁健康飲料	陳麗芬編譯	130元
⑩揉肚臍健康法	永井秋夫著	150元
⑪過勞死、猝死的預防	卓秀貞編譯	130元
⑫高血壓治療與飲食	藤山順豐著	150元
⑬老人看護指南	柯素娥編譯	150元

⑭美容外科淺談　楊啟宏著　150元
⑮美容外科新境界　楊啟宏著　150元
⑯鹽是天然的醫生　西英司郎著　140元
⑰年輕十歲不是夢　梁瑞麟譯　200元
⑱茶料理治百病　桑野和民著　180元
⑲綠茶治病寶典　桑野和民著　150元
⑳杜仲茶養顏減肥法　西田博著　150元
㉑蜂膠驚人療效　瀨長良三郎著　160元
㉒蜂膠治百病　瀨長良三郎著　元

•實用女性學講座•電腦編號 19

①解讀女性內心世界　島田一男著　150元
②塑造成熟的女性　島田一男著　150元

•校園系列•電腦編號 20

①讀書集中術　多湖輝著　150元
②應考的訣竅　多湖輝著　150元
③輕鬆讀書贏得聯考　多湖輝著　150元
④讀書記憶秘訣　多湖輝著　150元

•實用心理學講座•電腦編號 21

①拆穿欺騙伎倆　多湖輝著　140元
②創造好構想　多湖輝著　140元
③面對面心理術　多湖輝著　140元
④僞裝心理術　多湖輝著　140元
⑤透視人性弱點　多湖輝著　140元
⑥自我表現術　多湖輝著　150元
⑦不可思議的人性心理　多湖輝著　150元
⑧催眠術入門　多湖輝著　150元
⑨責罵部屬的藝術　多湖輝著　150元
⑩精神力　多湖輝著　150元
⑪厚黑說服術　多湖輝著　150元
⑫集中力　多湖輝著　150元

•超現實心理講座•電腦編號 22

①超意識覺醒法　詹蔚芬編譯　130元
②護摩秘法與人生　劉名揚編譯　130元

③秘法！超級仙術入門	陸　明譯	150元
④給地球人的訊息	柯素娥編著	150元
⑤密教的神通力	劉名揚編著	130元
⑥神秘奇妙的世界	平川陽一著	180元

・養生保健・電腦編號 23

①醫療養生氣功	黃孝寬著	250元
②中國氣功圖譜	余功保著	230元
③少林醫療氣功精粹	井玉蘭著	250元
④龍形實用氣功	吳大才等著	220元
⑤魚戲增視強身氣功	宮　嬰著	220元
⑥嚴新氣功	前新培金著	250元
⑦道家玄牝氣功	張　章著	元
⑧仙家秘傳袪病功	李遠國著	元

・心靈雅集・電腦編號 00

①禪言佛語看人生	松濤弘道著	180元
②禪密教的奧秘	葉逯謙譯	120元
③觀音大法力	田口日勝著	120元
④觀音法力的大功德	田口日勝著	120元
⑤達摩禪106智慧	劉華亭編譯	150元
⑥有趣的佛教研究	葉逯謙編譯	120元
⑦夢的開運法	蕭京凌譯	130元
⑧禪學智慧	柯素娥編譯	130元
⑨女性佛教入門	許俐萍譯	110元
⑩佛像小百科	心靈雅集編譯組	130元
⑪佛教小百科趣談	心靈雅集編譯組	120元
⑫佛教小百科漫談	心靈雅集編譯組	150元
⑬佛教知識小百科	心靈雅集編譯組	150元
⑭佛學名言智慧	松濤弘道著	180元
⑮釋迦名言智慧	松濤弘道著	180元
⑯活人禪	平田精耕著	120元
⑰坐禪入門	柯素娥編譯	120元
⑱現代禪悟	柯素娥編譯	130元
⑲道元禪師語錄	心靈雅集編譯組	130元
⑳佛學經典指南	心靈雅集編譯組	130元
㉑何謂「生」　阿含經	心靈雅集編譯組	150元
㉒一切皆空　般若心經	心靈雅集編譯組	150元
㉓超越迷惘　法句經	心靈雅集編譯組	130元

㉔開拓宇宙觀　華嚴經	心靈雅集編譯組	130元
㉕真實之道　法華經	心靈雅集編譯組	130元
㉖自由自在　涅槃經	心靈雅集編譯組	130元
㉗沈默的教示　維摩經	心靈雅集編譯組	150元
㉘開通心眼　佛語佛戒	心靈雅集編譯組	130元
㉙揭秘寶庫　密教經典	心靈雅集編譯組	130元
㉚坐禪與養生	廖松濤譯	110元
㉛釋尊十戒	柯素娥編譯	120元
㉜佛法與神通	劉欣如編著	120元
㉝悟（正法眼藏的世界）	柯素娥編譯	120元
㉞只管打坐	劉欣如編譯	120元
㉟喬答摩・佛陀傳	劉欣如編著	120元
㊱唐玄奘留學記	劉欣如編譯	120元
㊲佛教的人生觀	劉欣如編譯	110元
㊳無門關（上卷）	心靈雅集編譯組	150元
㊴無門關（下卷）	心靈雅集編譯組	150元
㊵業的思想	劉欣如編著	130元
㊶佛法難學嗎	劉欣如著	140元
㊷佛法實用嗎	劉欣如著	140元
㊸佛法殊勝嗎	劉欣如著	140元
㊹因果報應法則	李常傳編	140元
㊺佛教醫學的奧秘	劉欣如編著	150元
㊻紅塵絕唱	海　若著	130元
㊼佛教生活風情	洪丕謨、姜玉珍著	220元
㊽行住坐臥有佛法	劉欣如著	160元
㊾起心動念是佛法	劉欣如著	160元

・經　營　管　理・電腦編號 01

◎創新經營六十六大計（精）	蔡弘文編	780元
①如何獲取生意情報	蘇燕謀譯	110元
②經濟常識問答	蘇燕謀譯	130元
③股票致富68秘訣	簡文祥譯	100元
④台灣商戰風雲錄	陳中雄著	120元
⑤推銷大王秘錄	原一平著	100元
⑥新創意・賺大錢	王家成譯	90元
⑦工廠管理新手法	琪　輝著	120元
⑧奇蹟推銷術	蘇燕謀譯	100元
⑨經營參謀	柯順隆譯	120元
⑩美國實業24小時	柯順隆譯	80元
⑪撼動人心的推銷法	原一平著	120元

⑫高竿經營法	蔡弘文編	120元
⑬如何掌握顧客	柯順隆譯	150元
⑭一等一賺錢策略	蔡弘文編	120元
⑯成功經營妙方	鐘文訓著	120元
⑰一流的管理	蔡弘文編	150元
⑱外國人看中韓經濟	劉華亭譯	150元
⑲企業不良幹部群相	琪輝編著	120元
⑳突破商場人際學	林振輝編著	90元
㉑無中生有術	琪輝編著	140元
㉒如何使女人打開錢包	林振輝編著	100元
㉓操縱上司術	邑井操著	90元
㉔小公司經營策略	王嘉誠著	100元
㉕成功的會議技巧	鐘文訓編譯	100元
㉖新時代老闆學	黃柏松編著	100元
㉗如何創造商場智囊團	林振輝編譯	150元
㉘十分鐘推銷術	林振輝編譯	120元
㉙五分鐘育才	黃柏松編譯	100元
㉚成功商場戰術	陸明編譯	100元
㉛商場談話技巧	劉華亭編譯	120元
㉜企業帝王學	鐘文訓譯	90元
㉝自我經濟學	廖松濤編譯	100元
㉞一流的經營	陶田生編著	120元
㉟女性職員管理術	王昭國編譯	120元
㊱ＩＢＭ的人事管理	鐘文訓編譯	150元
㊲現代電腦常識	王昭國編譯	150元
㊳電腦管理的危機	鐘文訓編譯	120元
㊴如何發揮廣告效果	王昭國編譯	150元
㊵最新管理技巧	王昭國編譯	150元
㊶一流推銷術	廖松濤編譯	120元
㊷包裝與促銷技巧	王昭國編譯	130元
㊸企業王國指揮塔	松下幸之助著	120元
㊹企業精銳兵團	松下幸之助著	120元
㊺企業人事管理	松下幸之助著	100元
㊻華僑經商致富術	廖松濤編譯	130元
㊼豐田式銷售技巧	廖松濤編譯	120元
㊽如何掌握銷售技巧	王昭國編著	130元
㊿洞燭機先的經營	鐘文訓編譯	150元
52新世紀的服務業	鐘文訓編譯	100元
53成功的領導者	廖松濤編譯	120元
54女推銷員成功術	李玉瓊編譯	130元
55ＩＢＭ人才培育術	鐘文訓編譯	100元

㊻企業人自我突破法	黃琪輝編著	150元
㊽財富開發術	蔡弘文編著	130元
㊾成功的店舖設計	鐘文訓編著	150元
㊽企管回春法	蔡弘文編著	130元
㊿小企業經營指南	鐘文訓編譯	100元
63商場致勝名言	鐘文訓編譯	150元
64迎接商業新時代	廖松濤編譯	100元
66新手股票投資入門	何朝乾 編	180元
67上揚股與下跌股	何朝乾編譯	180元
68股票速成學	何朝乾編譯	180元
69理財與股票投資策略	黃俊豪編著	180元
70黃金投資策略	黃俊豪編著	180元
71厚黑管理學	廖松濤編譯	180元
72股市致勝格言	呂梅莎編譯	180元
73透視西武集團	林谷燁編譯	150元
76巡迴行銷術	陳蒼杰譯	150元
77推銷的魔術	王嘉誠譯	120元
78 60秒指導部屬	周蓮芬編譯	150元
79精銳女推銷員特訓	李玉瓊編譯	130元
80企劃、提案、報告圖表的技巧	鄭 汶 譯	180元
81海外不動產投資	許達守編譯	150元
82八百件的世界策略	李玉瓊譯	150元
83服務業品質管理	吳宜芬譯	180元
84零庫存銷售	黃東謙編譯	150元
85三分鐘推銷管理	劉名揚編譯	150元
86推銷大王奮鬥史	原一平著	150元
87豐田汽車的生產管理	林谷燁編譯	150元

・成功寶庫・電腦編號 02

①上班族交際術	江森滋著	100元
②拍馬屁訣竅	廖玉山編譯	110元
④聽話的藝術	歐陽輝編譯	110元
⑨求職轉業成功術	陳 義編著	110元
⑩上班族禮儀	廖玉山編著	120元
⑪接近心理學	李玉瓊編著	100元
⑫創造自信的新人生	廖松濤編著	120元
⑭上班族如何出人頭地	廖松濤編著	100元
⑮神奇瞬間瞑想法	廖松濤編譯	100元
⑯人生成功之鑰	楊意苓編著	150元
⑱潛在心理術	多湖輝 著	100元

⑲給企業人的諍言　　鐘文訓編著　120元
⑳企業家自律訓練法　　陳　義編譯　100元
㉑上班族妖怪學　　廖松濤編著　100元
㉒猶太人縱橫世界的奇蹟　　孟佑政編著　110元
㉓訪問推銷術　　黃靜香編著　130元
㉕你是上班族中強者　　嚴思圖編著　100元
㉖向失敗挑戰　　黃靜香編著　100元
㉙機智應對術　　李玉瓊編著　130元
㉚成功頓悟100則　　蕭京凌編譯　130元
㉛掌握好運100則　　蕭京凌編譯　110元
㉜知性幽默　　李玉瓊編譯　130元
㉝熟記對方絕招　　黃靜香編譯　100元
㉞男性成功秘訣　　陳蒼杰編譯　130元
㊱業務員成功秘方　　李玉瓊編著　120元
㊲察言觀色的技巧　　劉華亭編著　130元
㊳一流領導力　　施義彥編譯　120元
㊴一流說服力　　李玉瓊編著　130元
㊵30秒鐘推銷術　　廖松濤編譯　120元
㊶猶太成功商法　　周蓮芬編譯　120元
㊷尖端時代行銷策略　　陳蒼杰編著　100元
㊸顧客管理學　　廖松濤編著　100元
㊹如何使對方說Yes　　程　羲編著　150元
㊺如何提高工作效率　　劉華亭編著　150元
㊼上班族口才學　　楊鴻儒譯　120元
㊽上班族新鮮人須知　　程　羲編著　120元
㊾如何左右逢源　　程　羲編著　130元
㊿語言的心理戰　　多湖輝著　130元
51扣人心弦演說術　　劉名揚編著　120元
53如何增進記憶力、集中力　　廖松濤譯　130元
55性惡企業管理學　　陳蒼杰譯　130元
56自我啟發200招　　楊鴻儒編著　150元
57做個傑出女職員　　劉名揚編著　130元
58靈活的集團營運術　　楊鴻儒編著　120元
60個案研究活用法　　楊鴻儒編著　130元
61企業教育訓練遊戲　　楊鴻儒編著　120元
62管理者的智慧　　程　義編譯　130元
63做個佼佼管理者　　馬筱莉編譯　130元
64智慧型說話技巧　　沈永嘉編譯　130元
66活用佛學於經營　　松濤弘道著　150元
67活用禪學於企業　　柯素娥編譯　130元
68詭辯的智慧　　沈永嘉編譯　130元

⑲幽默詭辯術	廖玉山編譯	130元
⑳拿破崙智慧箴言	柯素娥編譯	130元
㉑自我培育・超越	蕭京凌編譯	150元
㉒深層心理術	多湖輝著	130元
㉓深層語言術	多湖輝著	130元
㉔時間即一切	沈永嘉編譯	130元
㉕自我脫胎換骨	柯素娥譯	150元
㉖贏在起跑點—人才培育鐵則	楊鴻儒編譯	150元
㉗做一枚活棋	李玉瓊編譯	130元
㉘面試成功戰略	柯素娥編譯	130元
㉙自我介紹與社交禮儀	柯素娥編譯	150元
㊱說NO的技巧	廖玉山編譯	130元
㊲瞬間攻破心防法	廖玉山編譯	120元
㊳改變一生的名言	李玉瓊編譯	130元
㊴性格性向創前程	楊鴻儒編譯	130元
㊵訪問行銷新竅門	廖玉山編譯	150元
㊶無所不達的推銷話術	李玉瓊編譯	150元

・處世智慧・電腦編號 03

①如何改變你自己	陸明編譯	120元
②人性心理陷阱	多湖輝著	90元
④幽默說話術	林振輝編譯	120元
⑤讀書36計	黃柏松編譯	120元
⑥靈感成功術	譚繼山編譯	80元
⑧扭轉一生的五分鐘	黃柏松編譯	100元
⑨知人、知面、知其心	林振輝譯	110元
⑩現代人的詭計	林振輝譯	100元
⑫如何利用你的時間	蘇遠謀譯	80元
⑬口才必勝術	黃柏松編譯	120元
⑭女性的智慧	譚繼山編譯	90元
⑮如何突破孤獨	張文志編譯	80元
⑯人生的體驗	陸明編譯	80元
⑰微笑社交術	張芳明譯	90元
⑱幽默吹牛術	金子登著	90元
⑲攻心說服術	多湖輝著	100元
⑳當機立斷	陸明編譯	70元
㉑勝利者的戰略	宋恩臨編譯	80元
㉒如何交朋友	安紀芳編著	70元
㉓鬥智奇謀（諸葛孔明兵法）	陳炳崑著	70元
㉔慧心良言	亦　奇著	80元

㉕名家慧語	蔡逸鴻主編	90元
㉗稱霸者啟示金言	黃柏松編譯	90元
㉘如何發揮你的潛能	陸明編譯	90元
㉙女人身態語言學	李常傳譯	130元
㉚摸透女人心	張文志譯	90元
㉛現代戀愛秘訣	王家成譯	70元
㉜給女人的悄悄話	妮倩編譯	90元
㉞如何開拓快樂人生	陸明編譯	90元
㉟驚人時間活用法	鐘文訓譯	80元
㊱成功的捷徑	鐘文訓譯	70元
㊲幽默逗笑術	林振輝著	120元
㊳活用血型讀書法	陳炳崑譯	80元
㊴心　燈	葉于模著	100元
㊵當心受騙	林顯茂譯	90元
㊶心・體・命運	蘇燕謀譯	70元
㊷如何使頭腦更敏銳	陸明編譯	70元
㊸宮本武藏五輪書金言錄	宮本武藏著	100元
㊺勇者的智慧	黃柏松編譯	80元
㊼成熟的愛	林振輝譯	120元
㊽現代女性駕馭術	蔡德華著	90元
㊾禁忌遊戲	酒井潔著	90元
52摸透男人心	劉華亭編譯	80元
53如何達成願望	謝世輝著	90元
54創造奇蹟的「想念法」	謝世輝著	90元
55創造成功奇蹟	謝世輝著	90元
56男女幽默趣典	劉華亭譯	90元
57幻想與成功	廖松濤譯	80元
58反派角色的啟示	廖松濤編譯	70元
59現代女性須知	劉華亭編著	75元
61機智說話術	劉華亭編譯	100元
62如何突破內向	姜倩怡編譯	110元
64讀心術入門	王家成編譯	100元
65如何解除內心壓力	林美羽編著	110元
66取信於人的技巧	多湖輝著	110元
67如何培養堅強的自我	林美羽編著	90元
68自我能力的開拓	卓一凡編著	110元
70縱橫交涉術	嚴思圖編著	90元
71如何培養妳的魅力	劉文珊編著	90元
72魅力的力量	姜倩怡編著	90元
73金錢心理學	多湖輝著	100元
74語言的圈套	多湖輝著	110元

⑮個性膽怯者的成功術	廖松濤編譯	100元
⑯人性的光輝	文可式編著	90元
⑱驚人的速讀術	鐘文訓編譯	90元
⑲培養靈敏頭腦秘訣	廖玉山編著	90元
⑳夜晚心理術	鄭秀美編譯	80元
㉑如何做個成熟的女性	李玉瓊編著	80元
㉒現代女性成功術	劉文珊編著	90元
㉓成功說話技巧	梁惠珠編譯	100元
㉔人生的真諦	鐘文訓編譯	100元
㉕妳是人見人愛的女孩	廖松濤編著	120元
㉗指尖·頭腦體操	蕭京凌編譯	90元
㉘電話應對禮儀	蕭京凌編著	90元
㉙自我表現的威力	廖松濤編譯	100元
㉚名人名語啟示錄	喬家楓編著	100元
㉛男與女的哲思	程鐘梅編譯	110元
㉜靈思慧語	牧　風著	110元
㉝心靈夜語	牧　風著	100元
㉞激盪腦力訓練	廖松濤編譯	100元
㉟三分鐘頭腦活性法	廖玉山編譯	110元
㊱星期一的智慧	廖玉山編譯	100元
㊲溝通說服術	賴文琇編譯	100元
㊳超速讀超記憶法	廖松濤編譯	120元

·健康與美容·電腦編號04

①B型肝炎預防與治療	曾慧琪譯	130元
③媚酒傳（中國王朝秘酒）	陸明主編	120元
④藥酒與健康果菜汁	成玉主編	150元
⑤中國回春健康術	蔡一藩著	100元
⑥奇蹟的斷食療法	蘇燕謀譯	110元
⑧健美食物法	陳炳崑譯	120元
⑨驚異的漢方療法	唐龍編著	90元
⑩不老強精食	唐龍編著	100元
⑪經脈美容法	月乃桂子著	90元
⑫五分鐘跳繩健身法	蘇明達譯	100元
⑬睡眠健康法	王家成譯	80元
⑭你就是名醫	張芳明譯	90元
⑮如何保護你的眼睛	蘇燕謀譯	70元
⑯自我指壓術	今井義晴著	120元
⑰室內身體鍛鍊法	陳炳崑譯	100元
⑲釋迦長壽健康法	譚繼山譯	90元

國立中央圖書館出版品預行編目資料

集中力／多湖輝著；沈永嘉譯
初版,--臺北市；大展，民83
面；　公分；--（實用心理學講座；12）
譯自：集中力
ISBN 957-557-482-6（平裝）

1. 注意

176.3　　83011670

原書名：集中力
原出版社：株式會社ごま書房（Japan）
原著作者：Akira Tago ©1992
版權代理：宏儒企業有限公司

ISBN 957-557-482-6

集中力

原著者／多湖輝
編譯者／沈永嘉
發行人／蔡森明
出版者／大展出版社有限公司
社址／台北市北投區（石牌）
致遠一路二段12巷1號
電話／（02）8236031・8236033
傳眞／（02）8272069
郵政劃撥／0166955－1
登記證／局版臺業字第2171號

法律顧問／劉鈞男律師
承印者／高星企業有限公司
裝訂／日新裝訂所
排版者／千賓電腦打字有限公司
電話／（02）8836052
初版／1994年（民83年）12月
定價／150元

大展好書 好書大展

大展好書 好書大展